湖北科技学院哲学社会科学繁荣计划 2023–25ZZ02

湖北科技学院教育学院教师，农村教育与文化发展中心暨基础教育研究院

在反思中成长：
幼儿教师专业发展研究

张黎娜　著

吉林文史出版社

图书在版编目（CIP）数据

在反思中成长：幼儿教师专业发展研究 / 张黎娜著
. -- 长春：吉林文史出版社，2023.9
ISBN 978-7-5472-9833-6

Ⅰ. ①在… Ⅱ. ①张… Ⅲ. ①幼教人员－师资培养－研究 Ⅳ. ① G615

中国国家版本馆 CIP 数据核字 (2023) 第 194082 号

在反思中成长：幼儿教师专业发展研究
ZAI FANSI ZHONG CHENGZHANG：YOUER JIAOSHI ZHUANYE
FAZHAN YANJIU

著　　者：张黎娜
责任编辑：梁丹丹
出版发行：吉林文史出版社
电　　话：0431-81629369
地　　址：长春市福祉大路 5788 号
邮　　编：130117
网　　址：www.jlws.com.cn
印　　刷：河北万卷印刷有限公司
开　　本：710mm×1000mm　1/16
印　　张：14
字　　数：205 千字
版　　次：2023 年 9 月第 1 版
印　　次：2024 年 1 月第 1 次印刷
书　　号：ISBN 978-7-5472-9833-6
定　　价：88.00 元

前　言

　　20 世纪 80 年代，"反思型教师"是国际师范教育改革的重要议题。"反思"作为提升幼儿教师专业发展的主要方式愈来愈受到重视。从一定意义上说，反思不是一种简单回顾与重复，而是幼儿教师在开展教育实践过程中对所发生的保教工作出现的分散的、碎片的现实问题与原因进行集中归纳、抽象概括与总结提升，进而获得对幼儿保教经验知识的超越，实现幼儿教师专业发展。随着幼儿教师专业发展的"反思—实践"的取向兴起，2012 年《幼儿园教师专业标准（试行）》明确指出，幼儿教师应坚持实践—反思—再实践—再反思，不断提高其自身专业发展的能力。2022 年，教育部等八部门印发《新时代基础教育强师计划》，提出努力造就新时代创新型高素质专业化幼儿教师队伍。支持幼儿教师专业发展，不断提升幼儿教师保教水平，造就主动创新、拥抱变革的新时代幼儿教师，是《新时代基础教育强师计划》的重要内容。

　　幼儿教师专业发展是幼儿教师内在专业结构不断更新、演进和丰富的一个循序渐进、长期持续的过程。幼儿教师专业发展不能停留在理念上，要深入探究幼儿教师专业发展在实践层面遇到的问题。如关于幼儿教师专业发展认知是什么？幼儿教师专业发展的内涵与价值是什么？它包含哪些核心问题、幼儿教师专业发展面临的现实瓶颈是什么、如何突破等问题。因此，在幼儿教师专业发展的探讨中，本研究主要围绕以下几个方面进行探讨。

　　一是我国幼儿教师专业发展认知历史变迁与多重逻辑。随着《幼儿园教师专业标准（试行）》的颁布，幼儿教师的专业属性得到了政策上的承认，但在实践中，他们的专业性却很少得到认可。其本质原因是人们对幼儿教师专业发展认知不够深入。幼儿教师专业发展认知反映了幼儿教育事业发展的不同逻辑和社会经济环境。在我国情境中，关于幼儿教师专业发展存在哪些认识、这些认识的形成逻辑是什么以及如何重构幼儿教师专业发展认知的实践理路是探究幼儿教师专业发展认知历史变迁与多重逻辑的重点。

二是幼儿教师专业发展内涵与价值意蕴。2021年新修订的《教师法》从法律的层面提出教师是承担教书职责的专业人员，具有提高民族素质的使命，同时也阐述了教师如同律师、医生一样是具有专业资格和要求的人员。幼儿教师专业发展是幼儿教师在整个专业生涯中，依托专业组织、专门的培养制度和管理制度，通过持续的专业教育，习得教育科学专业技能，形成专业理想、专业道德和专业能力，从而实现专业自主的过程。其中，幼儿教师专业发展阶段是一个逐步发展的过程。20世纪60年代，西方对教师生涯阶段做了大量研究。叶澜等学者根据西方教师生涯研究思想并反思其得失之后，在力求把握总体特征的基础上，以"自我更新"为取向，将教师专业发展阶段分为非关注阶段、虚拟关注阶段、生存关注阶段、任务关注阶段以及自我更新关注阶段等五个阶段。在幼儿教师发展阶段中，幼儿教师专业发展关注教师个体及其专业价值的全面实现，体现了教育改革创新的时代精神与以人为本的价值理念。着眼当前，面对全面提升幼儿教师队伍建设水平的新时代诉求，幼儿教师专业发展成为幼儿教师自我革新转型、创生发展的必然趋势，也是幼儿教师专业发展的应有之义，具有重要的价值意蕴。

三是幼儿教师专业发展的核心向度问题是从幼儿教师职业道德、专业知识、专业能力、专业情感与意志等方面展开讨论的。第一，幼儿教师职业道德。幼儿教师职业道德是幼儿教师在职业活动中应该遵循的道德规范以及相关的道德品质。它用于调节幼儿教师与他人、幼儿教师与集体等相互关系时所必须遵守的基本道德规范与行为准则。幼儿教师职业道德具有较高的职业道德素养、较强烈的信仰与理念和预设与生成耦合下教育的行为抉择，因而幼儿教师是幼儿的启蒙老师，是知识的传播者，是幼儿学习和生活的引导者，肩负着培养祖国下一代的光荣职责。加强师德建设，推动幼儿健康成长，确保幼儿教育高质量发展具有重大而深远的意义。第二，幼儿教师专业知识。幼儿教育是一门科学，更是一门艺术。幼儿教育从主体、内容到实施方法，无不渗透着专业的知识和智慧。在《幼儿园教师专业标准（试行）》中，幼儿教师的专业知识框架可以从三个层次来阐释：广博的文化基础知识、扎实牢固的教育科学基本知识与精深的幼儿教育专业知识的综合体。第三，幼儿教师的专业能力。幼儿教师的专业能力是全方位的，《幼儿园教师专业标准（试行）》中对于幼儿教师提出了一日生活的组织与保育能力、环境的创设与利用能力、幼儿教师信息技术应用能力、反思与发展的专业实践能力等七个方面的能力要求。第四，幼儿教师的专业情感与意志。在幼儿教师专业发展过程中，教师应具有乐业、敬业和职业奉献的专业情感与意志。它不仅强调教师对教师职业本质的理解，还加强教师职业的信念，促进自身的发展。教师如同有技艺专长的"匠人"一样，其工作都需要执着与淡然的精神来面对利益与诱惑。同时，幼儿教师需要信仰，信仰必须与思维、行动接轨，以深层次认识为出发点，无时无刻不催促教师百折不挠地去探索和认识他们所信仰的对象。它是幼儿教师职业的生命与热情，是个体对自身的超越，具有根本性与终极关怀性。

四是幼儿教师专业发展的阻滞与突破。幼儿教育是终身学习的开端，是重要的社会公益事业。2018年《中共中央、国务院关于学前教育深化改革规范发展的若干意见》指出，幼儿教育仍是整个教育体系中的短板，幼儿教师专业发展过程中存在幼儿教师自身专业水平起点低，教师的研究意识、研究能力不强，缺乏内在的动力等内源性制约因素；外源性制约因素也呈现多样化，主要表现为政府对幼儿教育公益性这一根本属性缺乏清晰认识、幼儿园专业的育人评估制度滞后、普惠性民办园财政支持不足等方面。同时，幼儿教师专业发展表现在突破路径上：第一，国家应发挥主体责任，凸显教师专业发展责任主体意识；第二，政府应积极探索教师人事管理制度，保障教师专业职业发展进路；第三，幼儿园应重视多元化竞聘机制，促进教师合理有序流动；第四，幼儿园应完善教师职后培训制度，拓展教师专业发展途径，开发教师育人目标绩效考核分析方法，增强教师专业发展动力等。

五是幼儿教师专业发展之人才培养模式问题研究。幼儿教师人才培养模式是高校人才培养的蓝图和开展教育教学活动的基本依据。它集中体现了高校的办学思想和育人理念。人才培养模式主要包括专业培养目标、培养规格、专业必修课程的设置、实践课程的设置指标。幼儿教育专业人才培养模式是幼儿教师专业发展中职前培养的重要组成部分。它是学生学习幼儿教育专业的重要途径，是推进高校培养幼儿教育人才改革、提高幼儿教育专业人才培养质量的直接动力与有效保障。本章主要探讨了幼儿教师专业发展之人才培养需求、幼儿教师人才培养模式出现的问题及提出相关的对策与建议来提升幼儿教育专业人才培养的质量。

六是幼儿教师专业发展之师资配置问题研究。幼儿园师资的配置水平，事关我国"广覆盖、保基本、有质量的学前教育公共服务体系"。近几年来，我国幼儿园教师数量呈稳步增长，但专任教师数量仍然不足，学前教育教师学历层次有待提高。由于我国地区之间经济和文化发展不均衡的影响，我国幼儿教师在职称、学历、数量等很多方面都存在一定的差异，使师资配置问题更为复杂。运用单一的配备标准来配置所有幼儿园的师资显然难以达到精准施策的目的，还可能带来一些负面影响。目前，国家高度重视幼儿园师资队伍建设工作，在师资配置问题上先后明确了"补足配齐"的目标、"配备标准"的要求和"分类实施"的策略。鉴于此，关于我国在幼儿园师资配置的问题上，笔者首先以咸宁市为对象调研了幼儿教师师资配置的现状，并提出以标准需求为目标、以有效需求为着力点优化配置幼儿园师资的合理建议。

七是幼儿教师专业发展之高质量职后培养的机制研究。教师专业发展与质量提升议题一直备受社会关注。近年来，幼儿教师培训受到国家重视。2018 年 1 月，《中共中央、国务院关于全面深化新时代教师队伍建设改革的意见》(以下简称《改革意见》)中指出要"建设一支高素质善保教的教师队伍"。至此，"高素质善保教"成为幼儿教师培养的新目标和新要求。2020 年 10 月，《深化新时代教育评价改革总体方案》提到，幼儿园教师评价注重保育和教育实践，将学前教育专业人才培养和职后培养作为标准和重要内容。2021 年 12 月，教育部颁布的《"十四五"学前教育发展提升行动计划》中提到"从各方面全面地提升保育和教育的整体质量，提高幼儿园师资团队培养培训质量"。然而，在幼儿教师培训项目开展得如火如荼之际，幼儿教师培训问题也随之凸显，成为当下"高素质善保教"的幼儿教师专业发展与质量提升的瓶颈。因而，本章从当前幼儿教师培训问题检视出发，指出幼儿教师培训需求缺乏"个性化"与"层次性"，幼儿教师培训系统"血脉不畅"，缺乏生命力，幼儿教师培训"被安排"与"满意度"评估的矛盾，幼儿教师培训"轨道偏离"等问题，进而从幼儿教师职后培养需求进行分析。其中包含培训前期培养需求矩阵构建、培训中期培养需求、培训后期认知评估需求的分析，最后从幼儿教师职后培养的实践理路构建幼儿教师专业发展之高质量职后培养的机制，主要包括制定精准培训计划与方案、激发幼儿教师"能动学习"、监测幼儿教师认知过程与水平三个方面。

八是非幼儿教育专业教师发展之补偿培训模式研究。幼儿教师专业发展是教师在职业生涯中持续成长、不断吸收新知识、提升教师专业能力的过程。2018 年，中共中央、国务院明确提出对"非幼儿教育专业教师进行全员补偿培训"。这是我国全面深化新时代教师队伍建设的一项重要举措。非幼儿教育教师专业补偿培训是针对非幼儿教育教师发展需求进行分析，本着"缺什么补什么"的基本思路，又要不囿于补缺，做到"补缺"与"提升"同时进行。补偿培训既要有基础培训，又要有提高性的专业训练；既要有前沿的教育理念，又要有教学技能，还能满足非幼儿教育专业教师自身可持续发展的需求。由于幼儿教育属于非义务教育阶段，幼儿教师专业背景复杂，大多数教师因转岗、进修或者招聘入园，教师学历偏低、专业程度不高，部分教师在专业教学理念、教学能力、专业品质方面能力不足。"高质量教育体系"对幼儿园教师职后培养有了更高的要求。学前教育的发展，教师培养是关键，幼儿教师的培养在学前教育发展的过程中不可或缺。非幼儿教育教师专业补偿培训是着眼于幼儿园，提升非幼儿教育专业教师职业道德、更新教育教学理念、优化教师专业知识结构、提升教师教育教学能力的培训。本章主要从非幼儿教育专业教师发展之补偿培训的内涵需求分析、非幼儿教育专业教师发展之培训原则与培训目标、非幼儿教育专业教师发展之课程模块设计、非幼儿教育专业教师发展之课程培训内容、非幼儿教育专业教师发展之培训实施过程等方面探讨非幼儿教育专业教师发展之补偿培训模式。

出版本书的目的在于，通过对幼儿教师专业发展的初步总结，引起大家共同研究幼儿教师专业发展，实现幼儿教师专业发展，提高幼儿教师育人质量。在本书的撰写过程中，得到了高校同人、幼儿园一线教师的指导和帮助，提供了丰富真实的案例。由于编者研究能力、学术水平及时间所限，书稿中难免有疏漏和不足之处，恳请广大读者批评指正。

目　录

第一章　幼儿教师专业发展概论

第一节　选题缘由

2022 年 4 月 11 日，教育部等八部门印发《新时代基础教育强师计划》，提出努力打造新时代创新型高素质专业化幼儿教师队伍。幼儿教师队伍建设是当下学前教育改革的重中之重，也是实现从"幼有所育"到"幼有优育"的关键环节。幼儿教师专业发展是教师基于自身的专业态度、教学知识与技能并成为"专业人士"，且拥有相应的专业权威，去思考和认同幼儿教师职业。立足于新时代教育高质量发展战略下反思幼儿教师理性层面的价值是当前幼儿教师专业发展的关键路径。然而，幼儿教师在重视专业发展进程中，易于将专业发展局限在狭隘的工具性价值层面。幼儿教师更关注纯粹的幼儿教育知识与技能的训练，忽视了诸如幼儿教育理论视野的扩展，情怀的追求和公共教育理念的树立等。同时，面临社会舆论，幼儿教师专业发展过程中教师自我主体性给上级教育部门制定的课程大纲、课程标准以及家长的需求让路。教师在专业发展过程中自主反思与成长空间不断变得狭小，职业尊严与效能遭遇危机。

幼儿教师专业发展是指幼儿教师作为专业人员，在专业思想、专业知识、专业能力等方面不断发展和完善的过程，即由新手到专家型教师的发展过程。幼儿教师专业发展旨在在教学领域中教师围绕"教什么""怎么教"与幼儿"学什么""怎么学"进行双向互动，为帮助幼儿树立正确的价值观，使其获得德智体美劳全面发展提供重要条件。因而，幼儿教师在教育过程中不仅要重视幼儿智力因素的发展，更要关注幼儿德行养成与其他方面的发展。唯有如此，幼儿教师专业发展的核心要义才会真正达成。有学者提出，长期以来，幼儿教师专业发展包含哪些内容，以及如何去实现教师专业发展，似乎还未达成共识。如此，一线幼儿教师在专业发展上是困惑的，除被动参加培训外，对于自身发展方向并不清晰；而幼儿教育管理者在习惯性的工作推进中，也无法深度理解教师专业发展所面临的窠臼与需求，幼儿教师专业发展陷入理论与现实的阻碍之中。

第二节　选题意义

幼儿教师是基于研究自身经验和改进教育教学过程，并在其中进行反思的实践者。因而，如何在质量提升视域下实现幼儿教师专业发展是一项重要议题。2018 年，中共中央、国务院提出要建设一支"高素质善保教"的教师队伍。[①] "高素质善保教"意味着幼儿教师专业发展不仅是一个实践意义很强的现实问题，而且是一个理论问题。研究主要涉及幼儿教师专业可持续性发展和幼儿教育的改革与创新问题。从一定意义上说，幼儿教师专业发展研究既需要幼儿教师专业新的理念汇聚，也需要深入探讨如何实现幼儿教师专业发展的实践理路。尽管难以研究且具有现实挑战性，但幼儿教师专业发展是促进幼儿教育高质量发展的关键因素，因而实现幼儿教师专业发展步伐并行是幼儿教育高质量发展始终无法回避的现实问题。幼儿教师专业发展是顺应我国学前教育体系从"增量"转向为"提质"的，同时进行幼儿教师专业发展研究，具有较强的理论意义与重要的实践意义。

---

① 中共中央 国务院关于全面深化新时代教师队伍建设改革的意见——中华人民共和国教育部政府门户网站（moe.gov.cn）.

一、幼儿教师专业发展是新时期幼儿教育高质量发展的关键因素

实现幼儿教师专业发展是提升幼儿教育高质量发展的时代诉求。在幼儿教育高质量发展过程中，幼儿教师专业发展问题是关键所在。幼儿教师专业发展是幼儿教师作为专业人员在专业思想、知识与能力方面发展与成长的过程。改革开放以来，我国社会发展和人民生活水平日益提高，新时期幼儿教育高质量发展对幼儿教师专业发展提出了新的要求，具体体现在以下几个方面。

一是幼儿教师需要不断反思与创新。幼儿教师的反思与创新是幼儿教师专业发展的前提与基础。幼儿教师的反思与创新是当代幼儿教师职业生命自觉提升和践行的灵魂。笔者认为，幼儿教师工作根本任务的核心是"育人"，即促进幼儿生命成长以及丰富幼儿的精神世界。这就需要幼儿教师对幼儿五大领域的知识进行多层次、创造性的开发与转换。

二是幼儿教师需要在教育过程中关注创新。幼儿教师教育过程的创新其本质是幼儿教师作为"局内人"在教学过程中对幼儿成长过程与教育内容进行个性化意义的解读。教师作为一种个性的观念存在，需要其在教育过程的实践中，敏锐地洞悉幼儿成长过程中的兴趣与需求，在教育内容设计、开发、实施与评价过程中根据幼儿的发展动态不断调适并改进自己的教育意识与行为；在教育过程中进行不断自我建构与自我引导。

三是幼儿教师需要主动参与专业平台的搭建。幼儿教师专业发展平台的搭建要以幼儿教师的内在性、自主性发展需求为目标，主动参与专业平台的搭建。具体来说，主要有面向幼儿教师自主培养设计开发的教师专业发展项目、幼儿教师专业发展交流平台、拓展幼儿教师自主发展空间等专业平台以及项目的开发，实现幼儿教师可持续、高质量发展。

二、幼儿教师专业发展是新时期幼儿教师高质量发展的基本要求

幼儿教师是幼儿教育专业的知识人、公共性的社会良知者、批判性的洞察者与转化性的行动者。也就是说幼儿教师高质量发展首先要关注专业发展过程中内在与本质的需求和目的，达成自我主体性的觉醒与完善。这是幼儿教师高质量发展应然层面的前提与基本要求。然而，在实际的发展实践过程中，对于什么是幼儿教师专业发展，幼儿教师专业发展包含哪些内容，以及如何有效实现幼儿教师专业发展似乎还未达成共识。这样一来，幼儿教育管理者通常将单一的业务学习工作视作提升幼儿教师专业发展的主要手段，在习惯性的工作推进中，常会陷入该为教师提供怎样的培训，如何明确教师业务要求等窠臼。一线幼儿教师在专业发展的相关职后培训中除了"被动"参加培训外，对在专业努力的方向上也不清晰，幼儿教师专业发展更多体现为"外铄型"的发展理路。教师如果不重视专业发展，其自主性专业发展空间就会被挤压，最终导致幼儿教师发展意识淡薄与发展能力有待提升等问题，从而使幼儿教师高质量发展落入浅层性的发展轨迹。新时期，幼儿教师应树立"自主"的专业发展方式，不断洞察自身发展的优势与不足，在幼儿园保育与教育工作中独立于外在压力并拟定适合自身的专业发展目标与计划，并能在应然与实际层面上不断探究与调适自身的教育教学实践，从本质上提升幼儿教师专业发展的品质，满足新时期幼儿教师高质量发展的基本要求。

三、幼儿教师专业发展是幼儿教师专业发展切问与近思的核心路径

美国学者费尔（Feuer, L.S.）教授认为，教育理论的目的就是将教师从固定僵化的程序中解放出来，促进教师个体生活的自我更新，达到一定程度的"教育自由"。"教育自由"是以"自我切问与近思"为前

提，以教师的思想观念为基础和核心建构起来的。在日常教学实践中，教师的教育观念可能是多元化的、不系统的、不清晰的。一些教学观念由许多制度所规范，缺乏分析制度背后的实践问题的切问精神，一些教师很少近思规范或制度的逻辑合理性。反思幼儿教师在专业成长中的问题可以让幼儿教师更多从实践层面切问幼儿的存在与发展的价值。近思幼儿教师在教育过程中的困惑，由此展开幼儿教师专业发展的专业成长自觉。

四、幼儿教师专业发展是新时期幼儿教师引导公众教育观念的重要手段

随着公众参与幼儿教育变革的程度越来越高，幼儿教育逐步成为社会关注的焦点。幼儿教师在专业发展过程中需要通过自己的专业知识与技能，针对幼儿教育的观念与手段跟家长进行沟通，使家长以及社会公众正确理解幼儿教育政策的合理性与价值性，在教育幼儿的过程中，以理性的心态体会家庭与社会给予幼儿教育的责任，不断提升家庭教育与社会大众对幼儿教育的综合素养，积极参与到幼儿教育社会变革之中。

第二章　我国幼儿教师专业发展认知历史变迁与多重逻辑

我国幼儿教师专业发展认知历史变迁

随着《幼儿园教师专业标准（试行）》的颁布，幼儿教师的专业属性得到了政策上的承认，但在实践中，他们的专业性却很少得到认可。[①] 英国学者莫斯指出幼儿教师队伍的发展受到社会对幼儿园教师职业认知的制约，如果不重视这一因素，幼儿教师队伍发展将不可持续。[②] 幼儿教师专业发展认知阶段反映了幼儿教育事业发展的不同逻辑和社会经济环境。幼儿教师专业发展认知是理解幼儿园教师队伍专业发展的一把钥匙。在我国情境中，幼儿教师专业发展存在哪些认识、这些认识的形成逻辑是什么以及如何重构幼儿教师专业发展认知的实践理路是本章探讨的重点。

一、我国幼儿教师专业发展认知历史变迁阶段

1949 年以来，我国幼儿教育理念和实践经历了剧烈变革，对幼儿教师专业认知随之发生改变。结合文献和政策，笔者将我国幼儿园教师职业认知分为从教养员到教师、从教师到研究者两个阶段。[③]

---

① 赖昀，薛肖飞，杨如安.农村地区学前教育教师资源配置问题与优化路径——基于陕西省 X 市农村学前教师资源现状的调查分析 [J]. 教育研究，2015（3）：103–111.

② Moss，P.Structures，understandings and discourses：Possibilities for re–envisoning the early childhood work[J]. Contemporary Issues in Early Childhood，2006，7（1）：30–41.

③ 范昕，李敏谊.幼儿园教师到底是什么？——从替代母亲到专业人到研究者的发展历程 [J]. 教师教育研究，2018（4）：92–98.

（一）从教养员到教师

中华人民共和国成立后，在苏联专家的帮助下，我国建立了幼儿教育课程体系和师资培养体系。1965 年中等幼儿师范逐渐成为培养主体，但数量很少，主要稳定在 19 所，在校生 5000 人左右[1]。在 1980 年以前，只有不到 12% 的幼儿园教师接受过专业培训。[2] 直到 1989 年，《幼儿园工作规程（试行）》才第一次对幼儿园园长、教师和其他员工的基本教育水平提出了要求。可见这一段时期幼儿园教师知识和技能水平较低，幼儿园教师主要承担幼儿看护者的职责，幼儿教师专业性很少被关注。

（二）从教师到研究者

改革开放后，我国幼儿教育理论和实践受到挑战。独生子女政策也使幼儿早期发展受到了越来越多的关注，社会对于高质量的幼儿教育需求越来越强烈。1981 年，《幼儿园教育纲要（试行草案）》第一次提出"游戏"是幼儿园教育主要形式之一。2001 年《幼儿园教育指导纲要（试行）》提出"五大领域"课程体系，要求幼儿园教师改变教学理念与方法，用多种形式引导幼儿主动活动，并首次将培养幼儿创造力作为幼儿园的目标。自此，游戏成为幼儿园的主要教学形式。随着幼儿教育的目标转变为保教并重、教学方式转向为以游戏为主，幼儿园教师的专业性受到了广泛关注。首先，幼儿教师的学历水平得到大幅度提高，由之前的中师毕业提升为大专学历；其次，幼儿教师知识和技能要求逐渐提高。2011年出台的《幼儿教师专业标准（试行）》从专业理念角度在师德、专业知识和专业能力三个方面进一步明确幼儿教师要求，并对教师专业发展

① 史慧中 . 中华人民共和国幼儿教育 50 年大事记 [J]. 幼儿教育，1999（10）：4—5.
② Spodek B.Chinese kindergarten education and its reform[J].Early Childhood Research Quarterly，1989，4（1）：31—50.

提出相应要求①。

然而，有学者经过实证研究发现，我国幼儿园教师整体队伍尚未达到国家规定的专业标准。② 首先，幼儿教师专业意识不强，社会对幼儿教师专业认同度也不高，一些地区将幼儿教师看作"孩子王"或"保姆"；其次，我国幼儿教师队伍存在显著异质性，不同地区、城乡之间及不同类型幼儿园的幼儿教师在实践和理论上存在很大差异。部分农村教师认为幼儿教师是看管儿童的，还有一些农村教师更加倾向于"以教师为中心"的教学方式。总的说来，幼儿教师专业认知在中华人民共和国成立以来发生巨大变化。一方面，社会环境变化使得幼儿教育在教学方法与教学内容上发生巨大变革，也对教师专业化程度提出更高要求；另一方面，幼儿教师队伍尚未达到政策要求，并体现出异质性。

二、我国幼儿教师专业发展认知历史变迁的多重逻辑

从上文我国幼儿教师专业发展认知历史的变迁看，幼儿教师专业发展认知问题存在一定的政治逻辑、专业逻辑与市场逻辑。③

（一）幼儿教师专业发展认知的政治逻辑

中华人民共和国成立后，我国建立了完善的、以支持妇女就业为目的的托幼服务体系。在这样的逻辑下，幼儿教师不论是在培训上还是在其他劳动者称谓上没有太大差别，也不强调教师对幼儿的发展促进作用。幼儿教育的作用逐渐从强调妇女就业转为促进儿童发展。幼儿教师也逐步从一般劳动者转为幼儿教育专业人士。从表面上看，这一转变是

---

① 教育部关于印发《幼儿园教师专业标准（试行）》的通知——中华人民共和国教育部政府门户网站（moe.gov.cn）.

② 刘焱，潘月娟，曾阳煊，等，幼儿园教师专业自主权的现状与影响因素的初步研究 [J]. 教师教育研究，2008（4）：61–66.

③ 范昕，李敏谊，幼儿园教师到底是什么？——从替代母亲到专业人到研究者的发展历程 [J]. 教师教育研究，2018（4）：92–98.

伴随西方教育理论引入而发生的。但从本质上讲，将教育发展看作人力资本投入的重要手段是国家进行一系列教育改革的内生动力。

（二）幼儿教师专业发展的专业逻辑

不管从政策上还是从实践工作上看，幼儿教师对幼儿发展具有重要意义。因此，幼儿教育政策制定者和一线管理者对幼儿教师专业化的重视与日俱增：从说唱弹跳画等专业技能，到具备专业知识和专业能力；从"以教师为中心"的传统教学方式转为"以幼儿为中心"的生成课程。幼儿教师专业发展的逻辑促进幼儿教育实践者对幼儿教师专业认知不断提升。

（三）幼儿教师专业发展的市场逻辑

改革开放催生了幼儿教师专业化发展，究其主要原因是政府在推行幼儿教育改革和教师专业化发展时，较少对这一领域实行必要的管制。如20世纪90年代幼儿教育市场化改革使得很多企业创办的幼儿园关停或转制，幼儿教师队伍受到影响。相较之下，民办幼儿园的野蛮生长则造成教师门槛低、流动性大、工资普遍偏低等问题，不利于幼儿教师专业发展。2010年后，各地颁布将民办幼儿教师纳入政府培训及评优之中，同时加大对幼儿教育的投入等政策，一定程度上抑制与纠正了市场机制对幼儿教师队伍建设带来的负面影响。但如何完善并促进幼儿教师队伍的良性发展，促进幼儿教师群体形成高度的专业认知仍然是需要解决的难题。

总体上说，我国幼儿教师专业发展认知主流是成为"专业人员"，并有向"研究者"转变的趋势，但空间上的差异仍然存在。对幼儿教师专业认知的空间差异体现了各地各类幼儿园教师队伍发展的不同阶段，对幼儿教师培养、聘用和管理产生了不同影响。随着我国经济转型与对创新型人才需求的不断增加，促进幼儿教师专业发展认知已经成为必然趋势。增强幼儿教师专业认知共识的形成不仅要借助于政府出台的相关政策，还需要政府为幼儿教师专业发展提供配套的资源以及与教师专业水平相对应的薪资与工作环境。

第三章　幼儿教师专业发展内涵与价值意蕴

第一节　幼儿教师专业发展内涵与发展阶段

一、幼儿教师专业发展内涵

教师的专业发展在教育改革推进策略中处于核心地位，没有教师的专业发展，教育改革只能永远停留在理想层面而难以实施推进。2000年，教育部出台《〈教师资格条例〉实施办法》，确保教师资格制度的实施。2021年新修订的《教师法》从法律的层面提出教师是承担教书职责的专业人员，具有提高民族素质的使命，同时也阐述了教师如同律师、医生一样是具有专业资格和要求的人员。教师作为专业人员的要求主要有三点：一是教师有符合规定的学历；二是教师要有专门的知识；三是教师必须专门从事教育教学工作。自国际劳工组织与联合国教科文组织在《关于教师地位的建议》的文件中指出，教师工作是一种专业活动。此后关于教师专业发展问题就被各国教育界所重视。叶澜教授认为教师专业发展是教师内在的专业结构不断进行革新、完善和补充的过程。[①] 幼儿教师专业发展，又称幼儿教师专业成长，是幼儿教师在整个专业生涯中，依托专业组织、专门的培养制度和管理制度，通过持续的专业教育，习得教育科学专业技能，形成专业理想、专业道德和专业能力，从而实现专业自主的过程。[②]

---

① 叶澜，白益民，王枬等.教师角色与教师专业发展新探 [M].北京：教育科学出版社，2001.
② 郭凌婕.教师课堂领导力与课堂气氛关系探讨 [J].当代教育论坛：综合研究，2011（9）：7-9.

二、幼儿教师专业发展的阶段

幼儿教师专业发展阶段是一个逐步发展的过程，如在入职前的阶段，很多幼儿教师面对如同万花筒一样的事情眼花缭乱，但对隐藏在事实背后的教育智慧与规则视而不见，教师之所以对现象背后的本质视而不见，是因为其"视力"较弱。幼儿教师如果没有系统、阶段性的理论武装，以及长期、有计划的实践经验的储备，就不具备洞察教育问题的能力，自然就活在现实的惯性中，容易被同化。幼儿教师只有通过专业性发展的阶段，不断提高对幼儿教育的理论自觉与实践自觉，才能成为幼儿教育的专家，才能真正明了自己所实践的对象及所要达到的目的与所应承担的教育责任。

20世纪60年代，西方对教师生涯阶段做了大量研究。叶澜等学者根据西方教师生涯研究思想并反思其得失之后，试图建构新的教师生涯阶段理论。由此，他们在描述教师专业发展的阶段特征时，在力求把握总体特征的基础上，以"自我更新"为取向，将教师专业发展阶段分为非关注阶段、虚拟关注阶段、生存关注阶段、任务关注阶段以及自我更新关注阶段等五个阶段[①]，具体可见表2-1。根据上述叶澜等学者勾勒出的教师专业发展阶段，笔者思考在幼儿教师专业发展生涯中，需要考量幼儿教师生涯阶段展开的复杂性特质来看待幼儿教师专业发展阶段。

表2-1　幼儿教师专业发展的阶段

阶段名称	时限	主要特征
非关注阶段	正式教师教育之前	具备了一些"直觉式"的"前科学"知识以及与教师专业能力密切相关的一般能力
虚拟关注阶段	师范学习阶段和实习期	在虚拟的教学环境中获得教学经验，对教育理论与技能进行学习与训练，有了对自我专业发展的反思

---

① 叶澜.新世纪教师专业素养初探[J].教育研究与实验，1998（1）：41-46.

续表

阶段名称	时限	主要特征
生存关注阶段	新任教师	在现实冲击下，产生了强烈的自我专业发展的忧患意识，特别关注专业活动中的"生存"技能，专业发展集中在专业态度和动机方面
任务关注阶段	留任教师	随着教学基本"生存"知识、技能的掌握，自信心日益增强，由关注自我的生存转为关注教学，由关注"我能行吗"转为关注"我怎样才能行"
自我更新关注阶段	老教师	以专业发展为直线，不再受外部评价或职业升迁的牵制，自觉依照教师发展的一般路线和自己目前的发展条件，有意识地自我规划，以谋求最大限度的自我发展，关注幼儿的整体发展，积累了比较科学的个人实践知识

　　首先，在"非关注阶段"中，即成为正式幼儿教师之前，幼儿教师需要了解和理解幼儿教育专业层面的"前科学"知识。如幼儿园工作一日流程、与幼儿园教师有关的规章制度以及与幼儿教师专业能力密切相关的一般能力。如保育和教育能力。在这个阶段中，幼儿教师需要尝试用幼儿视角去看待幼儿教育问题，观察身边的事物，去关注幼儿的关注，好奇幼儿的好奇，喜悦幼儿的喜悦，幸福幼儿的幸福。

　　其次，在"虚拟关注阶段"中，即师范学习阶段和实习期，幼儿教师需要在幼儿师范教育阶段中加强理论学习，深度理解和爬梳幼儿教育专业知识理论，了解幼儿身心发展特点，灵活运用理论来解决幼儿师范实习中遇到的困境与难题。

　　再次，在"生存关注阶段"中，也就是新手教师阶段，幼儿教师作为新手教师，一般会产生强烈的自我专业发展的忧患意识，不断在反思中调整教育行为。在此阶段中，幼儿教师往往会特别关注专业活动中的"生存"技能，具体意指保育和教育方面的知识与技能。如部分幼儿新任教师善于用笔记录一个个生动的教育故事，并以此逐步了解幼儿身心发展动态，不断诊断、满足幼儿内心发展需要。

又次，在"任务关注阶段"中，幼儿教师逐渐深度厘清幼儿保育和教育层面的知识与技能、幼儿发展的内在动力与外在困扰，并以此制定适宜的教育策略，丰富幼儿教师教育方式与方法。在实践—反思—再实践—再反思历程中感受幼儿丰富的内心世界，实现自己对于学前教育职业认知与专业发展理念的蜕变与升华。

最后，在"自我更新关注阶段"中，幼儿教师作为老教师以专业发展为主线，有着坚定的职业理想与信念。在个人专业发展生涯中自觉依照教师发展的一般路线和自己目前的发展条件，找到自身职业生涯规划的有效路径，关注幼儿的整体发展。在此阶段中，幼儿教师更希望通过政府及幼儿园出台的政策与建立的相关制度和平台，为其在专业发展过程中提供更有效的政策支持、制度保障和策略指导。

第二节　幼儿教师专业发展的价值意蕴

幼儿教师专业发展关注教师个体及其专业价值的全面实现，体现了教育改革创新的时代精神与以人为本的价值理念。着眼当前，面对全面提升幼儿教师队伍建设水平的新时代诉求，幼儿教师专业发展成为幼儿教师自我革新转型、创新发展的必然趋势，也是幼儿教师专业发展的应有之义，具有重要的价值意蕴。

一、专业发展是幼儿教师作为"人"的主体性价值的集中体现

幼儿教师专业发展强调教师个体发展的自主能动性，是对教师作为"人"的主体性的内在发展规律的充分展现。幼儿教师作为"人"这样的主体，是具有自主意识和能动性的独立个体，在教育实践活动中可以自主能动反思教育发展规律、专业实践模式以及教育活动丰富的背景和价值关系。作为专门性职业，幼儿教师专业发展的探索性、创造性赋予了幼儿教

师特有的价值追求，即幼儿教师都希望在专业发展过程中充分展现自我的个性、不断完善自身，以实现个人的潜在价值，获得应有的认可与尊重。

二、专业发展是幼儿教师恪守"职业人"契约的必然选择

育人是幼儿教师的主要工作，也是幼儿教育阶段的核心工作。相较于其他行业领域，幼儿的培养工作赋予了幼儿教师职业强烈的使命感。幼儿教师是幼儿保育与教育的指导者、引导者和实施者。因而，幼儿教师首先要具备高尚的师德，热爱幼儿教师职业，能够自觉将爱岗敬业内化为自身的道德品行，从而发挥师者的表率作用与育人功能。也就是说，选择幼儿教师职业就意味着对教师职业约定的内在认同与遵守，要自觉践行教师职业与使命。在这一过程当中，幼儿教师专业发展主要是幼儿教师个体自觉主动履行教师职业责任及将其使命转化为个体内在的独特约束的过程。它彰显了师德相比其他职业道德所特有的超越性，是幼儿教师恪守"职业人"契约和承诺，也是幼儿教师提升育人水平、构建教师职业道德的必然选择。

三、专业发展顺应了幼儿教师专业发展的内在实践逻辑

幼儿教师专业发展具有内在的知识特征和实践逻辑。从幼儿教师教学实践活动的内在特点与规律来看，幼儿教师专业发展实际上是幼儿教师在个体性知识基础和专业实践反思活动之上自主发展的过程。幼儿教师专业发展实践活动离不开教师自身自主能动的专业实践反思。研究与反思是幼儿教师专业发展的重要机制。通过研究与反思，幼儿教师能够建立起理论知识和实践经验的共生关系，促进教师个体性知识的生成与积累。

第四章　幼儿教师专业发展的核心向度

幼儿教师专业发展是教师理念、知识与能力不断丰富的过程。据此，本章主要从幼儿教师职业道德、专业知识、专业能力、专业情感与意志方面对幼儿教师专业发展的核心向度展开讨论。

第一节　幼儿教师职业道德

"师德"是教师职业道德的简称。道德出现在春秋时期《道德经》的中。"道"是指天地运行的规律、本源，"德"是在天地运行规律基础之上的万物所具有的本性，也指德行。幼儿教师职业道德是幼儿教师在职业活动中应该遵循的道德规范以及相关的道德品质，它用于调节幼儿教师与他人、幼儿教师与集体等相互关系时所必须遵守的基本道德规范与行为准则。[①]

一、幼儿教师职业道德的表征

（一）幼儿教师职业道德要求具有较高的职业道德素养

由于幼儿年龄偏小，其身体与心理尚未发育成熟。幼儿教师需要以其爱心、耐心与智慧对幼儿体力与智力、情感等方面因素进行培养与熏陶，而非简单从外部去"雕琢"，一定程度上遏制了幼儿自由发展的天性。幼儿的自由发展是以幼儿个体占有、释放和解放自己本质为出发

[①] 黄蓉生.教师职业道德修养[M].重庆：西南师范大学出版社，2001.

点与归宿，使个体向完整的人发展，使幼儿作为一个完整的人存在，充分释放人的各方面的潜能和力量。幼儿教师需要具有较高的职业道德素养，尊重幼儿的主体性、多样性与选择性，尽其所能促进幼儿的个性发展、自由发展和全面发展。

（二）幼儿教师职业道德具有较强烈的信仰与理念

幼儿教师在社会地位、薪水待遇上均低于其他类型教师。幼儿教师需要具备高度的职业信仰与理念。信仰与理念是幼儿教师工作的内在驱动力，只有幼儿教师具备高度的职业信仰与理念，才会努力寻找幼儿教育存在的本质是什么。幼儿教育理当从幼儿的辩证发展出发，然后回到幼儿的辩证发展，这是作为幼儿教师的信仰。信仰具有特殊的生命意义。幼儿教师需要幼儿教育信仰，不仅需要信仰本身，还需要理性、职业素养、能力与行动，让理性、职业素养、能力与行动实现融合，和谐相处。

（三）幼儿教师职业道德具有预设与生成耦合下教育的行为抉择

幼儿教师职业道德不仅影响到幼儿的今天、明天，甚至可能影响幼儿一辈子。因而，幼儿教师需要具备高度的职业道德去关注幼儿的生成性和发展性及幼儿发展的全过程。从这个角度说，幼儿教师需要运用辩证的思维来审视幼儿发展过程中预设与生成耦合下教育的行为抉择。从某种意义上说，在幼儿教育过程中，教师不能将教育预设简单地等同于教育预成。教育预设是多向度的，具有选择性、发展性及可变性，也就是说幼儿究竟会成为怎样的人，是难以预先固定的。而教育预成是一种基于人性天然固有的论断，它扼杀了幼儿个体的差异性和个性，让幼儿教育过程成为毫无生命的"机械操作"与"产品生产"。反观当前的幼儿教育发展与实践，教育预设与教育预成经常被混淆，[①] 即教师常常忽视幼儿兴趣爱好，实行一刀切或整体划一的教育模式。从这个意义上说，幼儿教育具有多方向性和多种可能性，幼儿由于各自的身心条件、成长经验、主观愿望、生长环境等不同，其成长的方式、过程与结果也不同，因而幼儿的发展不是铁板一块，不是只有一条运行发展轨道。幼儿教师应为幼儿提供多种选择与预设，引导幼儿的发展并提供具有前瞻性、可供参考的未来目标，同时这个目标必须是合理的，而非强制的，这为幼儿成长指明了许多可能的路径与方向，有助于幼儿自我意识的形成与发展。

二、幼儿教师职业道德的意义

幼儿教师是幼儿的启蒙老师，是知识的传播者，是幼儿学习和生活的引导者，肩负着培养祖国下一代的光荣职责。加强师德的建设，对推动幼儿健康成长，确保幼儿教育高质量发展具有重大而深远的意义。

（一）加强幼儿教师职业道德认知，促进幼儿教师职业价值实现

教师职业是具有价值意义的职业。在教师的从业生涯中，加强幼儿教师职业道德，将教师职业价值的实现蕴含于教师职业道德现实实践中，是支撑教师职业不断向前发展的重要因素，价值始终伴随着教师职业生涯的始终。它具体表现为教师总是在为自己的职业寻找更加合理的理由，更加美好的理想，不断去追寻更有意义的职业生涯，不断去改变职业生涯的目标和要求。为了使自己的职业变得更有意义而努力，从而促进教师职业价值的实现。

---

① 郭元祥.论教育的过程属性和过程价值——生成性思维视域中的教育过程观 [J].教育研究，2005（9）：3-8.

（二）提升幼儿教师职业道德水平，回归幼儿教师职业本质体现

从幼儿教师职业本质看，它必然具有道德的品性。幼儿教师职业道德水平隐含在教师职业本质之中，渗透于教师职业的基本实践中。探寻教师职业的本质问题所要求回答的，不是教师怎样去谋求生存，而是要求回答教师职业意味着什么，教师应该怎样去教育，为什么这样去教育，这样教育的目的和价值何在等等。教师职业道德就是教师的教育方式、对于教育实践的理解和选择。它是教师职业本质的解释系统，阐述的是教师的职业意义，引导教师对教师职业有更合理、更深刻的理解。

三、幼儿教师职业道德的核心范畴

（一）幼儿教师职业理想

幼儿教师职业理想是个人依据社会与个人自身情况所确立的职业目标。它与个体的价值观、职业目标等密切相关。[①]

1.幼儿教师职业理想的意义

第一，引领作用。幼儿教师职业理想是幼儿教师职业道德的灵魂。作为一名幼儿教师，其生活与教学经历都具有实践性、关系性、亲历性、多样性、整体性、辩证性等多重意蕴。其中最为重要的是当下性与社会性。生活中的幼儿教师是与幼儿、社会互动的人，在这个基础上，教师通过与外界互动不断生成、存在、生长、发展，不断打开自我和演绎人生的新篇章。一切皆流，无物长驻。在教师职业领域，没有恒定不变的东西。唯一不变的，是教师的职业理想，它为幼儿园教师培养充满生命力和经得起社会的风吹雨打的花朵发挥重要的引领作用。

① 张西方.教师职业理想及其教育 [J].山东师范大学学报，2013（6）：105–108.

第二，引导作用。幼儿教师职业有着自身的复杂性与烦琐性，导致幼儿教师容易产生一定的职业倦怠，往往易使其在实践场域中产生退缩的心理，心灰意冷。幼儿教师职业理想使得教师从教育内容、目标到理论基础、研究框架与实施方法，无一不渗透着幼儿教师职业理想的思维与智慧。拥有较高奋斗目标的幼儿教师会对现实的工作进行思考与权衡，会不断引导其选择合适自身发展的模式提升自己，使幼儿教师职业理想不断得到孕育、彰显与释放。

2. 幼儿教师职业理想的内容

第一，树立正确的职业观。幼儿教师正确的职业观是指幼儿教师对幼儿教师职业持有正确的观点。正确的职业观是幼儿教师树立崇高职业理想的基石，也是幼儿教师职业道德的关键因素。因而，关于幼儿教师正确的职业观的生发与培养，既需要用"在场"的相互作用来解释，也需要用已经"不在场"的相互作用的发展过程来解释。它是一种需要由理念、思想、制度、结构、效益、公平与治理现代化等多个变量共同决定的"复合函数"。它也是提升幼儿教师职业道德水平的内在要求，深度创建并实现幼儿教育高质量发展的重要承诺与战略抉择。

第二，践行正确的职业行为。体现正确的幼儿教师职业价值观的主要途径是践行正确的职业行为。正确的职业行为主要表现为教师的个性、教学特色与优势，它造就了幼儿园的优势、品牌、卓越与文化等"自我复制"的产物，这种"自我复制"的非线性反馈和不断累加提升了幼儿教师职业道德水平。践行正确的职业行为与较高的幼儿教师职业道德水平是一种结构性关联，而非一种机械的组合或简单的相加，它暗含部分与整体部分的关系，二者相辅相成，共同促进幼儿教师职业道德的生发与升华。

（二）幼儿教师职业义务

幼儿教师职业义务是幼儿教师应该承担的责任。它一方面指幼儿园教师所必须遵循的道德要求，另一方面指的是主动履行教师职业道德行为的规范要求。

1. 幼儿教师职业义务的意义

第一，有利于缓解幼儿教育活动中的矛盾，使活动中各因素协同发展。幼儿教育活动包含保育与教育活动，在幼儿园的一日生活中贯穿始终。幼儿教师需要相互之间配合才能使幼儿教育活动各因素相互进行良性促进。反之，教师在配合工作上会产生一定的摩擦，不利于幼儿的健康与稳定的发展。幼儿教师职业义务可以推进幼儿教育活动持续、健康与稳定发展，是教育保持健旺生命力的生态机制。

第二，有利于教师在有限的工作时间里无限地去进行教学反思。教育可以改变人，可以发展人，但不能改变人的一切，发展人的一切。教育不是万能的，也不是在每一个方面都是无限作为的。提升幼儿教师对其职业义务的认知可以通过改善教师的思维，丰富教师的思想来提升幼儿的想象力，发展幼儿的非智力因素，达到一定程度上的教学反思。

2. 幼儿教师职业义务的主要内容

幼儿教师职业义务的主要内容主要是为人师表，关心与爱护幼儿。幼儿教育是幼儿社会化的过程，是一个发展幼儿的理性与释放幼儿的本质力量的过程。幼儿是感性与理性的统一体，教育要发展幼儿的理性，但不能扼杀幼儿的理性或激情。幼儿教育的特定目的是要培养幼儿情感方面的品质，如师幼之间、幼儿与幼儿之间的感情品质。教师的情感是幼儿教育的灵魂与源泉，也是幼儿教育活力的内在驱动力。幼儿教师应是幼儿的生活与心灵导师，应在幼儿发展的有限与无限之间，发展幼儿一切可发展性的特点，给予幼儿认识自己、改变自己的能力与素质而非一个不动感情的，只按着某些抽象公正性的条条办事的审判官。

（三）幼儿教师职业良心

"良心"是一个古老的伦理概念。西塞罗和塞涅卡把良心解释为内心的声音。卢梭则认为良心是显现在人身上的自然之声，是"我们内在的向导"。[①] 幼儿教师职业良心是隐藏于内心的使命、职责与任务。它是幼儿教师个人在自己的幼儿教育实践中的自觉，也是幼儿教师进行道德控制与道德评价的能力。[②]

1. 幼儿教师职业良心的特征

第一，公平性。幼儿教师应以尊重每位幼儿为自己工作的逻辑起点，对待幼儿一视同仁，与家长保持密切联系，不能因为家长职业背景、经济水平与社会地位区别对待。

第二，内隐性。幼儿教师职业良心是隐藏在幼儿教师心中的自我评价，是教师自教育过程中内在的精神动力，也是认识、情感与信念的统一。幼儿教师职业良心是外部职责与义务转化为教师内心道德品质的结果。幼儿教师要有自己的职业良心，增强幼儿教育事业的责任心，提升生命价值的自我实现。

2. 幼儿教师职业良心的意义

第一，幼儿教师职业良心对教师行为起到一定的监督和调适作用。在幼儿保育和教育的过程中，教师会遇到各种问题与困难，教师在履行

---

① [加] 查尔斯·泰勒 . 自我的根源——现代认同的形成 [M]. 韩震等译 . 南京：译林出版社，2001.

② 蔡辰梅，刘刚 ."教师是一种良心活"——对教师职业认同方式的分析与反思 [J] 教师教育研究，2010（1）：6–11.

一定行为之前，要遵循某种动机，判断选择某一教育行为的目的和后果。当教师意识到自己的行为可能会伤害幼儿的心理与身体，影响幼儿的个性发展，幼儿教师职业良心会督促教师从幼儿利益出发，对教育行为做出一定的思考、权衡、抑制，选择合乎教师道德要求与职业良心的动机与行为，做出正确的选择。

第二，幼儿教师职业良心对教师行为起着评价与激励作用。教师在完成教学任务后，会对自己的工作进行自我评价从而起到激励作用。职业良心是教师道德思想与情操的支柱，正是通过这种心灵的自省与自律，不断完善幼儿教师的道德人格。

3. 幼儿教师职业良心的核心内容

第一，幼儿教师职业良心的"道德自律"。幼儿教师职业良心是教师自己在幼儿教育实践中的自我修养、自我体验，将职业的道德要求由"他律"转变为"自律"。在此过程中，教师在理论与实践的分离与冲突中，实现道德"实然"向道德"应然"的跨越。换言之，只有通过养学与养行等良心修养提升自身的精神境界，职业良心才能在一定的教育实践过程中不断生长与发展。

第二，幼儿教师职业良心的自我评价能力。教师职业良心的自我评价能力是客观存在的一定社会或阶级的和教育职业活动中的道德要求。没有这些道德要求，或这些道德如果没有被教师认识和理解，就不能转化为教师的信念，也不可能形成教师的职业良心。

（四）幼儿教师职业幸福

幼儿教师职业幸福是教师人生的主题和人生的根本问题，是教师职业道德的出发点与归宿，是职业活动后获得的一种满足和愉悦感。

1. 幼儿教师职业幸福的意义

第一，幼儿教师职业幸福是教师自我实现的最高境界。幸福的幼儿教师在各种教育教学活动中与幼儿进行交流，通过体验获得教师的内在意义和欢乐，实现自己的价值。

第二，幼儿教师职业幸福是实现幼儿健康发展的源泉。幼儿教师的职业幸福是以积极的情感为媒介与他人分享。幼儿教师是促进幼儿全面发展的主体，需要以幼儿的健康、幸福发展为逻辑起点，缺乏幸福感的幼儿教师是不能让幼儿理解与体验幸福的。

2. 幼儿教师职业幸福的内容

第一，学会从幼儿的角度出发关爱幼儿，欣赏幼儿。幼儿作为一个萌芽发展中的人，教师应从幼儿的身体与心理发展规律出发，回归幼儿的真实生活世界，而不是活在虚拟的世界中。社会在进步，人在发展，教师必须从幼儿角度出发，以关联性、境遇性、主体间性来关爱幼儿，欣赏幼儿，使幼儿教育成为为未来生活做准备的教育。

第二，教师应从"物本位"的应试教育中解脱出来，逐渐转向关注"人本位"。幼儿教师应尊重幼儿的主体地位，从尊重幼儿、关怀幼儿、完善幼儿的立场出发，聚焦幼儿的现实需求与未来发展，从而不断提升幼儿新时代的生存与发展能力，引导幼儿学会感受幸福、体验幸福与怎样做一个幸福的人，从而使幼儿在性格与品质方面成为一个积极进取、乐观向上的人。

四、当代幼儿教师职业道德要求

（一）依法执教

依法执教是幼儿教师从事教育活动的先决条件。幼儿教师通过依法执教，才能忠诚于祖国的教育事业，乐于奉献。幼儿教育家陈鹤琴先生提出"一切为儿童，一切为教育"。幼儿教师的依法执教可以提升幼儿教师职业历史使命感，成为幼儿教育改革的有力保障。近年来，幼儿园时常有"园闹"事件、安全纠纷、师德失范等问题。实际上，这些纠纷完全可以在法治框架内，通过幼儿园教育制度创新来解决。从这个角度说，依法执教意味良法善政，意味教师需要更多地尊重幼儿的权利，注重从法治思维和法治方式的图示下将幼儿教育事业公平与正义地推行，更加注重幼儿教育事业相关方参与，并通过法治手段激发各方主动性与积极性，不断解决幼儿园改革发展中的矛盾与问题。

（二）保教并重

人不仅生存在单纯的物理宇宙之中，更是生活在一个符号的宇宙之中，这是幼儿教育基于人的发展逻辑的必然要求。幼儿园保教活动是让幼儿深处在自然而非抽象的符号世界中。由此看来，幼儿的学习不是基于符号的学业的学习，而应从实在的、自身性的活动出发进行生活与学习。幼儿园保教结合涉及幼儿综合性、多个方面和总体的活动，涉及幼儿认知、情感等方面的自我建构发展，它是幼儿身心发展的重要途径。幼儿教师保教并重要求教师在教学活动中强调幼儿通过与他人共同协商并完成相关任务，并通过活动让幼儿发现自己和周围的社会，通过活动去感受存在的世界。幼儿园保教并重活动要求教师要有正确的儿童教育观，才能使幼儿获得充分的直接经验，实现幼儿身心之间的协调与平衡发展，最终实现幼儿教育回归本质的关键。

（三）关爱幼儿

由于幼儿年龄较小，需要幼儿教师用爱心与耐心来爱护。教师关爱幼儿主要体现在用语言来耐心引导幼儿良好行为习惯、情感和态度的基本形成。从一般意义上说，幼儿6岁之前是人格品质和良好社会型行为养成的关键时期。语言是人与人之间表达情感的中介，是幼儿养成良好型社会行为的重要工具。在幼儿语言学习过程中，教师需要尊重幼儿的意愿与想法，鼓励幼儿学会表达，与他人进行会话与沟通而非大声训斥幼儿，不站在幼儿角度去思考幼儿的处境与问题，尤其是对"调皮"的幼儿在幼儿园平日的生活与学习中出现的矛盾与困难，教师应通过言语沟通了解他们内心的想法，采用多种形式去包容、感化与激励他们，而不应过分责备幼儿，给幼儿带来心理与精神上的伤害。有研究表明，在不同的会话方式下，幼儿的合作兴趣与意志力也不尽相同。相较而言，幼儿在教师的关心下进行理解型会话更能促进幼儿之间的语言交流与参与激发活动的兴趣，提高幼儿的认知水平与能力。美国的"开端计划"研究也表明，教师对幼儿的关爱与支持在很大程度上能够影响幼儿日后的认知与情感的发展。

（四）为人师表

"师者，人之模范也"。幼儿教师具有较强的示范性，在日常的生活与教学中，教师作为传道者只有先明道、信道，才能做好幼儿的指导者与引路人。"师也者，教之以事，而喻诸德者也"。教师坚持为人师表，育人为本，严谨笃学，通过保教活动认真对待幼儿"量"与"质"的发展关系，成为塑造幼儿创新思维、引导幼儿学习知识、锤炼幼儿品格与品性的"引领者"。幼儿园无小事，事事皆教育。作为一名幼儿教师，应"不以善小而不为"，应从我们亲自弯腰拾起地上的一张废纸做起，这种师表形象的影响是不可估量的。身教重于言教，榜样的力量是无穷的。因而，幼儿园在教师思想政治工作中，要将教师的思想政治工作摆在重要的位置，采取培训、研讨等方式增强幼儿教师育人先育己的自觉性。在幼儿教师队伍建设中，要注意教师的政治、人格等教育，为幼儿园培养有情怀、视野广与人格正的教师队伍。

（五）尊重家长

随着我国三孩生育政策的开放，幼儿园入园率逐步上升，幼儿园不仅承担为家长减轻家庭负担的职责，更是要为幼儿的早期发展奠定良好的基础。如今，幼儿教育质量成为家长与社会关心的核心焦点。在某种意义上说，幼儿园比大学的存在更重要。如果幼儿园质量过低，教师与家长之间矛盾重重，家长与教师之间就无法形成相互理解的教育观念与方式。

在幼儿园与家长沟通的过程中，一是教师无法充分理解、尊重与信任家长。由于知识与社会跨越式发展，家长与教师在沟通态度上一定程度上倾向于"自我"，很少做到相互理解。相关调研分析，教师是沟通的主要发起者，家长只是被动的配合者，家园沟通中双方地位不均等，教师没有认识到家长与教师双方地位是平等的，教师与家长应在尊重、信任的基础上相互合作与持。[①]二是电话及网络沟通便捷的方式，使得教师未能深层次了解家长的育儿方式。笔者在与家长的访谈中得知，家长与教师主要是通过接送幼儿的时间段进行交流或采用电话与网络方式进行家园沟通，这种便捷的沟通模式使教师与家长的沟通停留于表面，教师未能从家长的性格、学历、工作背景与教育方式方面深层次了解幼儿的家庭环境与教育环境，无法充分认识家长在教导幼儿的过程中的合理与不恰当之处，这不利于家长树立正确的育儿观，教师应鼓励家长关注幼儿的全面发展。三是在沟通制度上，多数教师没有建立常规的沟通制度，使教师与家长之间沟通的频率不高，无法将心比心地站在家长的角度去考虑家长的育儿困境及面临的现实问题。如今社会在快节奏发展，家长工作压力大，家庭任务重，主要表现为有些家庭在幼儿年龄较小阶段生育了二胎与三胎。在这期间，幼儿教师更要关注此类家长群

---

① 许颖，孙巧锋.幼儿家长教育观念及方式的现状调查——基于祖父辈教养的比较[J].陕西学前师范学院学报，2017（10）：32—36.

体，在平日工作中计划好充足的家园沟通时间，耐心与家长沟通，尊重家长的想法，多与家长交流育儿理论与实践经验，提高家长参与幼儿园亲子活动的积极性，为创造良好的家庭与社会环境做出努力。

六、当代幼儿教师职业道德建设的实现路径

（一）正确理解幼儿教师职业道德的价值取向

面对幼儿园教育体量规模之变化、幼儿园外部环境格局之变化与教育总体评价体系之变化，幼儿园应当对标高质量教育体系的要求，正确理解幼儿教师职业道德的价值取向。正确理解幼儿教师职业道德的价值取向的意义表现为：1.幼儿教师职业道德的价值取向具有引领作用，使幼儿园的整体工作不会偏离方向，全园形成强大凝聚力；2.幼儿教师职业道德的价值取向具有整合作用，整合幼儿园有限的人、财、物等资源，能够让教师在此基础上对园内各项工作进行重点发力；3.幼儿教师职业道德的价值取向具有激励作用，教师能够围绕幼儿园建设目标激发工作潜力。幼儿园在实施目标管理时，应围绕幼儿园办学定位与总体目标，将总体目标分解为园内各个部门和教师的个人目标，形成"目标链"，并对幼儿园每个部门进行检查与反馈，有效提高幼儿园育人质量。

（二）深刻领会信息文明时代幼儿教师师德的内涵扩展

教育发展主要经历了农业、工业与信息文明时代。在农业文明时代，教师师德的个人修养与示范作用凸显，"德高为师，身正为范"正是如此。在工业文明时代，教师在师德上具体体现为在技能上与知识上要超越学生，也就是"要给学生一碗水，教师要有一桶水"。在信息文明时代，尤其是幼儿教师的师德主要体现在幼儿自主发展上，充分发挥幼儿的认知与非认知能力，做幼儿学习能力发展的促进者。新时代幼儿

教师师德更要强调以身作则，突出引路人的专业素养。

（三）规范幼儿园教师的职业道德制度

幼儿园师德规范要发挥治理功能，需要规范幼儿园教师的职业道德制度。规范幼儿园教师的职业道德制度具体表现为对幼儿园教师师德规范进行分层分类细化，幼儿园教师职业道德的标准主要体现在高标—常规—底线的分层上。幼儿教师的高标职业道德标准是指引幼儿教师走向优秀的方向；常规的要求是要求每一位合格的幼儿教师应该做到的内容；底线禁令是幼儿教师师德的红线。

需要注意的是，不是所有的失德行为都构成对教师职业道德行为的"一票否决"，要充分关注教师职业道德成长的过程与规律，不断促进教师职业道德成长的生命自觉。幼儿教师职业道德标准分层有助于将抽象的规范转化为可操作、可观察与可评价的行为线索。如教师违反法律道德规范，其程度越重，惩戒越严。因此，对教师违规行为的处理也要看其违犯的职业规范属于哪个层级，然后再根据规范的类型进行程度判定。师德规范要在幼儿园、教师、家长之间做好宣传，更要在政策上与制度上落实，从中深入调查与分析教师与家长现在面临的困难，定期或不定期举行家长代表与教师代表进行座谈会，倾听教师与家长的心声。这样可以减少家长与教师之间因对幼儿教育认知的不对称而引起的家长与教师的矛盾。

（四）探索具有实效性的幼儿师德培训方案

师德培训实质上是一个长期的实践问题，是需要教师在自身的教学与研究中完成的。这取决于教师自身的道德素养，也取决于幼儿园的制度与社会舆论环境的创设。因此，师德培训本质上不是宣传与树立起来的，而是成长与流动起来的。在幼儿园教师培训方案中，除了普适性的专家讲座以外，需要更有针对性和实效性的培训模式。如幼儿园可以建立幼儿教师师德工作坊，工作坊以幼儿教师、管理者为主，针对工作坊的实际问题，分析其产生深层次原因，提出相应的对策。工作坊可以针对实践中幼儿教师师德出现的问题进行剖析并提出相应的对策与建议。如幼儿园教研团队可以编写幼儿园教师师德典型案例，通过案例学习，探讨与交流如何提高幼儿教师师德认知能力和水平。

（五）加强对幼儿教师的专业知识与能力的培养

幼儿教师的专业知识与能力的培养与师德规范存在密切关系。幼儿教师如果拥有深厚的专业知识与基础能力，将促使其积极思考幼儿的身心发展规律，主动探究其知识的本源与知识的产生过程对幼儿能力与知识的引领与提高。从现代幼儿园教育实践来看，部分教师因自身专业知识与能力不足，容易将空洞的道理灌输给幼儿，并要求幼儿记住、复述、转述学过的知识即可，记忆似乎成为幼儿领悟知识的主要路径。然而，这样的知识是没有语境、没有生气的知识。幼儿生活在真实的世界中，所有幼儿接受的知识需要经过幼儿认知、判断并进行推理。幼儿从中学会分析与抉择。如果切断了知识的事实与价值逻辑，知识就变成了毫无生命力的文字游戏，而非幼儿充满好奇、疑问的推理和抉择。同样，幼儿教师传授给幼儿的道德知识，更需要幼儿的意志、动机、自治与抉择的能力，这样的能力不是硬性地嵌入在幼儿的思想里，而是需要教师在拥有展示专业知识与能力的基础上对幼儿进行深入培养。如若这些德育知识仅为一种记忆性的知识，长此以往，幼儿会变为一种"技术人"与"工具人"，而非"道德人"与"社会人"。

（六）充分认识教师职业成长规律，建构幼儿教师师德养成系统

新时代幼儿教师必须明确自身道德的基本行为规范，不仅要了解《新时代幼儿园教师职业行为十项准则》的要求，还应充分认识教师职

业成长规律，建构幼儿教师师德养成系统。

1. 在建构主义流行时代，幼儿教师师德养成系统要明确如何促进幼儿教师主体职业成长的规律与建构问题，提升教师的道德判断能力与选择能力，这为教师在实践过程中形成认识与选择是与非的能力，避免教师话语的丧失与价值的迷失，提升教师的道德认知水平奠定基础。

2. 提升教师的选择能力，让教师在保教活动中充分辨析公共知识与个人观点，通过专业性的选择传授给幼儿有温度的教育与知识。

3. 幼儿教师师德养成系统应体现德性之美与学生身心成长，辩证地把握普适与特殊的关系，从传统的核心坚守的基础上转向现代与未来，使其更加具有指导性与示范性。

（七）科学健全师德评价指标系统，加深教师自主自律性师德认知

在幼儿教师师德评价指标系统中，如何评价幼儿教师师德作风具有重要导向意义。幼儿教师专业发展的重要层面是师德规范的发展，而幼儿教师师德规范发展的关键因素是如何通过评价得以呈现，激励与认同是外部评价方式的重要推进性力量。

幼儿教师师德评价指标体系应厘清其背后的思想观念障碍与技术操作难题，进而建立具有实践意义上的师德评价标准与师德评价体系并进行运用与发挥。其中，幼儿园需建立更为基础与根源性的教师个人内部评价机制，这是因为道德具有主体性，难以通过单一的外部评价来完成，内部性评价体系建立是基于教师的自我道德要求与境界追求，实现更高层次意义上的幼儿教师师德品质。因此，加深教师自主自律性师德认知是幼儿教师师德建设的核心目标。只有幼儿教师自身具备自主自律性师德认知，才能形成笃定的道德信念与行为，否则再规范的师德培训也很难成为教师道德结构的内部要素。因此，探究与澄清道德认知，理解与尊重教师的道德需求，引导与激发教师的价值选择与追求是幼儿教

师师德建设的重要程序与路线，是幼儿教师师德建设的路径选择依据与实施之道。

第二节 幼儿教师专业的知识

幼儿教育是一门科学，更是一门艺术。幼儿教育从主体、内容到实施方法，无不渗透着专业的知识和智慧。在《幼儿园教师专业标准（试行）》中，幼儿教师的专业知识框架可以从三个层次来阐释：广博的文化基础知识、扎实牢固的教育科学基本知识与精深的幼儿教育专业知识。

一、广博的文化基础知识

如今，由于信息社会飞速发展，幼儿在知识面、新事物等方面的接受能力都比较强，因此，教师在理论知识层面，重点是广博，而不在于某一方面的精通。因而，广博的文化基础知识包含文学、数学、科学、艺术、体育、管理等领域的知识，需要幼儿教师具有多学科知识背景与技能，满足幼儿各方面发展的"需要"。这种"需要"涵盖生理性、社会性与整体性需要。从这个意义上讲，所有幼儿都有同样的需要，因为他们要在一个必然性与偶然性、有序与无序、继承与发展、规范与自由、保守与超越的复杂环境中成长，不断将自己的"需要"适应于不断发展与跃迁的社会发展中。在这个适应的过程中，基于社会、教育与幼儿"需要"在实际与应然之间的差别，教师运用广博的文化基础知识，引导幼儿逐步改变其思维、情感以及外显的行动来满足幼儿自身与社会"需要"，实现个性化的教育。

现今，基于全球一体化趋势，很多幼儿园都是双语教学。在英语教学中，幼儿教师应加强英语学科领域方面的专业知识（包括标准的发音、规范的书写、形象展示能力等），根据幼儿需要培养幼儿学习英语的兴趣。对于 5 ～ 6 岁的幼儿来说，注意力一般很难集中，教师需要灵活运用各种各样的教学方法，比如说游戏法、听说法、情境法等，激发他们主动参与英语学习的意识，让他们在不知不觉中快乐地学习英语。如认读单词，传统的教育方式是教读音，然后教师领读，无法引起幼儿的学习兴趣。若教师将传统的英语教学换成游戏活动式的教学，如教师教幼儿有关动物的英语词汇时，可以选取相对应的小动物的视频或者图片，一边教每种动物的单词发音，一边播放相对应的视频或图片，然后辅以一些小动物的典型动作，引导幼儿做模仿发音与动作或扮演动物角色的游戏，让幼儿乐于参与其中。如案例 3-1，教师在英语活动中，引导幼儿用英语与同学、教师一起交流，看到认识的事物可以用自己学过的单词说出来，把自己学习到的英语渗入日常生活在中，从而加深幼儿对于英语学习的印象和提高英语口语的表达能力。

案例 3-1

英语教育活动设计：认识自己的五官 ①

1. 活动目标：掌握关于五官单词的正确发音；理解句子的汉语意思；认识自己的五官。

2. 活动准备：小女孩图片一张，五官图片各一张；多媒体。

3. 活动过程：先热身：问好、听歌"Head, Shoulders, Knees and Toes"；学习新内容：导入句子。

师：小朋友，我们来摸摸自己的小脸蛋儿有什么呀？（老师边问边做示范）。

幼：眼睛、嘴巴、耳朵。

师：那我们现在一起来说英语吧。眼睛，眼睛，Eye（出示眼睛的

---

① 该案例来自百度文库——"认识自己的五官"https://wenku.baidu.com/view/daafc664340cba1aa8114431b90d6c85ed3a88c1.html.

照片）。

①游戏——touch（摸摸五官）；贴五官（stick）；sing a song "Head, Shoulders, Knees and Toes"。

② Say goodbye.

案例评析：

这个英语活动设计可以让幼儿们充分体会英语的乐趣。好玩是幼儿的天性，摸五官、贴五官是幼儿们最愿意做的游戏，可以让他们多次去做，这样幼儿很容易就能掌握这些单词，有利于幼儿提高学习英语的兴趣。幼儿通过摸五官、贴五官游戏和场合学习感知英语，并把英语与其他学科，如手工粘贴、音乐等有机整合起来，从而更好地促进教学目标的实现。

现代幼儿教师文化知识的广博性是幼儿教师知识的价值取向，主要体现在三方面：一是幼儿基本知识与技能是以综合的学科基础知识为基础，改变了传统知识结构的单一性，具有一定的灵活性；二是幼儿知识的广度与深度不是一成不变的，是随着时代与幼儿身心发展需求逐渐变化的；三是幼儿教育的启蒙性与基础性决定了幼儿教师知识的综合性与深入性。幼儿教师广博的文化知识具体可分为以下三种类型。

（一）通识类知识

幼儿教育是启蒙教育，幼儿教师需要具备通识类基础知识，如哲学、自然科学、社会科学等方面的知识，并将其内化为个体文化素质。

（二）学科的基础知识

鉴于幼儿发展的潜在性与多样性，幼儿教师需要掌握教育基本理论、幼儿心理学等学科基础知识调动幼儿自主学习的意识、使其达到知识学习中感性与理性的调配与平衡。

（三）信息教育技术实践类知识

信息技术是幼儿教师从事专业知识活动的有力支撑，教师只有掌握教育技术实践类知识与技术，才能为幼儿教师教育专业发展提供有力保障。

二、扎实牢固的幼儿教育科学基本知识

《幼儿园教师专业标准（试行）》中强调的幼儿教育科学基本知识是指幼儿教师必须理解并精通幼儿教育学科所涉及的各方面的基础知识，实现保育和教育的有机结合。它包括幼儿教育学、幼儿教育心理学与幼儿教育教学评价等。幼儿教师需要在日常的教学生活中运用这些基本知识，抓住适当的机会和场所引导幼儿，培养幼儿热爱与探索自然、乐于与他人积极沟通、积极并主动适应各种环境的能力和品质。如案例3-2的柚子分享中，教师在直接经验活动中始终坚持丰富幼儿间接经验的学习，如教师在水果分享的活动中，让幼儿探讨有关柚子的特点、讲述柚子的健康知识，以此来开展关于水果的主题活动，丰富了幼儿对于水果的科学知识。

案例 3-2

柚子分享[①]

老师带来了柚子与你们分享，可大家还没有看到柚子。今天做完操后，我将这个黄灿灿的柚子放在桌子上。晶晶笑着说："这个大柚子它的皮皱巴巴的。"刘老师笑着回答："这个柚子刚买回来的时候，皮还是很光滑的。"随后，刘老师让幼儿观察了柚子的外皮，大家发现由于缺乏水分，柚子的皮已经失去了光泽。这时，刘老师邀请幼儿们一起把柚

---

① 该案例来自百度文库——"柚子分享" https：//wenku.baidu.com/view/eeb83594cf22bcd126fff705cc17552707225e3c.html.

子厚厚的外皮剥开。把柚子外皮剥开后，刘老师又请几个幼儿上前闻了闻。最后，刘老师和大家分了柚子肉。小小拿着晶莹剔透的柚子肉仔细看了看说："柚子肉好像瓜子，也好像红红的宝石。"悦悦急着将手中的柚子肉咬了一口说："嗯，又甜又酸。"小小一边吃一边说："我妈妈很喜欢买柚子吃，她告诉我吃柚子能变得更漂亮。"刘老师说："大家看了柚子，也吃了柚子，一会儿我请小朋友们把柚子的颜色、柚子的果粒、味道等等都向大家讲一讲，好吗？"

案例评析：

水果分享是幼儿园每天关于水果的进食要求，在活动中，幼儿通过观察、品尝探讨柚子的外形、颜色、味道等相关的水果知识。从上述案例可见，教师要随时抓住生活中的点滴和幼儿进行知识的分享与探讨，在幼儿园进餐中、直接经验活动中无时无刻不丰富幼儿间接经验的学习。具体可以表现为：1.丰富间接经验的知识。如教师可以在幼儿探讨有关柚子的特点时，讲述柚子的健康知识，丰富幼儿的间接经验知识。2.开展关于水果的主题活动。如综合"水果照相馆"、美术"隐身水果"、数学"水果全家福"等。

三、精深的幼儿教育专业知识

（一）幼儿发展知识

幼儿发展知识主要是关于幼儿生存、发展和保护的有关法律、法规及政策规定，掌握不同年龄阶段幼儿身心发展的特点与发展水平，了解幼儿发展中容易出现的问题与适宜的对策。如幼儿常见的传染病知识。幼儿常见的传染病有以下几种类型：一是常见的传染疾病，如水痘、麻疹、风疹、流行性感冒、细菌性痢疾、传染性肝炎、流行性乙型脑炎；常见的营养疾病，如佝偻病、肥胖症、贫血；二是常见的五官疾病；三是常见的皮肤疾病；四是常见的寄生虫疾病；五是蛔虫病、蛲虫病、钩虫病。良好的生活卫生习惯是预防幼儿疾病，促进健康最根本、最有效的保障。因此，教师教导幼儿疾病防御的方法主要有：第一，懂得疾病防御的基本知识和技能。第二，培养幼儿预防疾病的卫生习惯。①洗净手，喝开水、吃熟食、勤通风、晒衣被。②合理饮食，不喝生水。③少去公共场所，减少被感染的机会。④积极正确的个人卫生习惯、环境保护意识及生活观念。

（二）幼儿保育与教育知识

幼儿保育和教育知识主要包括熟悉幼儿园教育的目标、任务、内容等基本原则，掌握幼儿园各领域教育的学科特点和基本知识。如案例3-3中，幼儿教师通过绘本——《过年啦》不仅引导幼儿学会制作贺卡，表达自己关于过年的愿望及向长辈祝福的心愿，也引导幼儿在制作贺卡的过程中了解我国春节所具有的独特风俗与习惯。

案例 3-3

绘本《过年啦》①

活动过程：

1.教师情景导入。

师：小朋友们，还记不记得上一周我们帮小兔子用彩旗装饰了新房子？今天老师收到了一份神奇的礼物，是小兔子送给老师和小朋友的，想不想知道是什么？

（教师出示制作好的贺卡）

师：请小朋友们仔细观察，这是贺卡的什么？

幼：贺卡的封面，用一个爱心和五角星装饰。

师：这张贺卡里面画了什么？请小朋友们用完整的一句话来表达，

---

① 该案例来自知乎网站——绘本导读系列 109《过年啦》。

你在这张贺卡里看到了什么？

幼：我在这张贺卡里，看到了气球礼物盒、彩旗，还有一只小老虎。

师：小朋友们观察得很仔细，这是一张漂亮的贺卡，那现在老师要提问了，为什么这张贺卡中间有一只小老虎呢？小兔子为什么不是画小兔子，而是画一只小老虎？

幼：因为马上就是虎年了。

2. 引导幼儿思考新年贺卡的制作内容，并感受新年贺卡的美。

师：那请问小朋友们想不想自己制作新年贺卡，送给自己的好朋友和爸爸妈妈呀？你们会在这张新年贺卡里面画一些什么来表示这是新年呢？

幼：爆竹、鞭炮、红包、对联等。

3. 计划制作新年贺卡，激发幼儿对制作新年贺卡的愿望，鼓励幼儿用自己喜欢的方式来装饰贺卡。

师：当我们画完新年贺卡的里面，那封面应该如何来装饰呢？

师：有小朋友说可以用超轻黏土来装饰，还有的小朋友说可以继续画画。老师觉得你们的主意都非常棒，老师给你们准备了很多的装饰品，当你们画完后可以举手示意老师将装饰品发给你们，你们可以自由选择将自己喜欢的装饰品贴在封面上。我们这张新年贺卡就可以完成得更加漂亮啦。

4. 幼儿自由制作新年贺卡，教师巡回相机指导。

5. 幼儿互相欣赏新年贺卡，表达自己的新年贺卡是送给谁的以及画了什么。通过讲述交流制作经验，分享成功的喜悦。最后，教师将小朋友的贺卡贴在展板上。

师：小朋友们快看，小兔子过来啦。它想看看小朋友们的新年贺卡完成得怎么样了，老师要请几位小朋友来介绍一下他的贺卡。

小结：小朋友们的新年贺卡都完成得非常棒，那老师来问最后一个问题，当你送出这张新年贺卡的时候，你应该说些什么话呢？老师觉得小朋友们的回答都非常棒，那希望你们送出这张新年贺卡的时候都能说一些祝福大家新年快乐的话好吗？

活动延伸：

请幼儿回去与爸爸、妈妈交流自己制作新年贺卡的经历。

案例评析：

通过动手操作，教师引导幼儿学会用互赠贺卡的方式表示祝福。指导幼儿能够自主设计与制作新年贺卡。幼儿乐意自己动手操作，体验与分享节日的快乐，学会表达祝福。

（三）通识性知识

幼儿教育通识性知识是关于自然科学和人文社会科学知识，具有一定现代技术知识。如案例3-4神奇的条形码中，教师向幼儿讲授"条形码"相关的知识，让幼儿认识现代社会中条形码有关的科学知识。

案例3-4

神奇的条形码①

1.教学过程：

小朋友们上午好！星期天小白兔去逛书店，这本书看看，那本书看看。它发觉书后都有一个黑白条纹，它很想知道这个黑白条纹是什么。提问：你们见过这些黑白条纹吗？教师出示图片，引导幼儿观察条形码的外形特点。教师提出问题：黑白色的条纹有什么不一样的（长短不一样、粗细不一样）？教师播放视频，引导幼儿了解条形码包含的信息及作用。

在活动过程中提出问题：条形码中有什么作用啊？借助实物，观察

---

① 该案例来自百度文库——神奇的条形码 https://wenku.baidu.com/view/8a8f15d00 1d276a20029bd64783e0912a3167c5c.html.

讨论各种商品的条形码：（1）出示条形码实物：邀请每位小朋友抽取一件；（2）观察讨论条形码；（3）教师提出问题：当我们买东西时，收银员会怎么做呢？教师总结了解条形码的应用及使用方法。

2. 教学延伸

区角活动：在美工区为商品设计条形码的图案。

回去看看家里物品包装上的条形码，观察超市收银员如何扫描条形码上的信息。

案例评析：

本次活动是通过出示图片引导幼儿对条形码进行观察、提问。在情感目标上，教师引导幼儿了解条形码的作用。在知识目标上，教师引导幼儿学习条形码的使用方法。教师通过条形码教学活动带出幼儿在购买商品时的社会行为，让幼儿学会社会交往中关于购物的知识。

第三节　幼儿教师专业的能力

幼儿教师的专业能力是全方位的，《幼儿园教师专业标准（试行）》中对于幼儿教师提出了七个方面的能力要求。

一、一日生活的组织与保育能力

（一）一日生活与保育的内涵与主要内容

幼儿园一日生活是指通过对儿童一日生活中各主要环节的时间和顺序的安排，将儿童在园内生活细致地划分为不同的时间刻度，并依据幼儿身心发展规律，排列顺序，综合劳逸结合等原则，做出合理的安排。[①] 幼儿园一日生活的流程繁多且琐碎，从幼儿来园到离园需要经历若干环节。幼儿教师安排和组织一日生活的内容包含以下四个方面：一是生活活动。主要涵盖幼儿入园、进餐、饮水、如厕、睡眠、离园等环节。二是自主游戏。主要是指幼儿园区域活动。三是学习活动。幼儿园学习活动主要是指游戏、谈话、实验、操作、实地参观、听赏与表演等活动准备、活动实施与活动评价。四是户外活动。主要是幼儿园集体活动与自选活动。幼儿园一日活动的实施者是教师，教师安排和组织一日活动需要从幼儿的角度出发，尊重幼儿的主体性。根据动静交替原则，合理安排游戏、活动以及各生活环节的时间，使幼儿一日活动科学化与流程化。

（二）一日生活与保育的现状与分析

1. 一日生活过于"精细"，其指向"幼儿的发展"的作用日渐式微

幼儿园一日生活与保育活动环节过多、过细，使教师工作繁杂琐碎，幼儿缺乏充分体验，其指向"幼儿的发展"的作用日渐式微。根据收集的一日生活安排表来看，幼儿在园有来园、晨间活动、晨间户外活动、吃点心、集体教学活动、区域活动、游戏活动、自由活动、离园等环节。在具体实施中，还要穿插饮水、如厕、盥洗、换衣服等生活环节。在幼儿园一日生活安排中，教师大多是从活动组织逻辑出发，并非因幼儿参与而产生的自然联系。有的幼儿园在半日的活动中，集体活动的时间多达 140 分钟，使区域活动时间难以保证，而户外自选活动也不过是教师预设了内容与材料后的"自选"。

---

① 孙爱琴 . 幼儿园常规教育的文化批判 [D]. 西北师范大学硕士学位论文，2005.

2. 一日生活与保育安排内容各自为政，缺乏整体性

如今，幼儿园一日生活与保育已经精细与流程化，部分幼儿园一日生活与保育安排内容上出现各自为政，缺乏内部关联性，外部整体性明显不足。如在某幼儿园大班一日生活安排表（详见表3-1）中，晨间区域活动安排是让幼儿复习"6以内数的分解"，教师重点指导该区。然而，在语言区、操作区、角色区、科学区与建构区并未对"6以内数的分解"进行活动安排，不能让幼儿从其他途径对"6以内数的分解"主题进行进一步加深与巩固。幼儿园一日活动与活动之间出现断裂，幼儿园一日生活制度缺乏科学性与整体性。

表3-1 某幼儿园大班一日生活安排表（片段）

8：00—8：40	晨间接待、区域活动区：投放豆子，让幼儿复习"6以内数的分解"，教师重点指导该区。 语言区：提供各种图书让幼儿观看。 操作区：提供光滑的竹篾，让幼儿学习简单的编织。 角色区：美容美发。 科学区：投放竹子实物、放大镜，让幼儿观察。 建构区：积塑、积木、牛奶箱、矿泉水瓶、易拉罐、大雪花片等。
8：40—9：10	早操、户外集体体育游戏："老狼老狼几点钟了"。
9：10—9：20	喝水、上厕所。
9：20—10：30	集体教学活动1：学习7的组成（教案略）。 集体教学活动2：学习歌曲《小篱笆》（教案略）。
10：30-10：40	喝水、上厕所、吃点心。
10：40-11：00	户外自选活动"踩高跷"。
11：00—11：05	喝水、上厕所。
11：05—11：10	餐前安静活动"手指操"。
11：10—11：40	午餐。
11：40-12：00	餐后安静活动——看书、散步。
12：00-14：30	午睡。

（三）优化幼儿教师一日生活与保育的路径

1.将幼儿发展目标纳入一日生活组织与保育中，重视幼儿核心素养的发展

依据中国学生发展核心素养，以培养"全面发展的人"为核心，分为文化基础、自主发展、社会参与3个方面，综合表现为人文底蕴、科学精神、学会学习、健康生活、责任担当、实践创新等六大素养，具体见图3-1。[1] 幼儿教师应根据我国学生发展中的核心素养，在幼儿园一日生活与保育中，尊重幼儿人格与权利，尊重发展规律，关注生命需要，保教并重，重视幼儿在人文底蕴、科学精神、学会学习、健康生活、责任担当、实践创新等六大素养方面的发展，将幼儿核心素养的发展目标纳入一日生活组织与保育中，满足幼儿多方面发展诉求。

图 3-1　中国学生发展核心素养

从一定意义上说，幼儿适应能力是幼儿人文底蕴、科学精神、学会

---

[1] 陈佑清，曹阳.能动参与文化性活动：学生素养发展的基本机制 [J].课程·教材·教法，2018，38（12）：80-87.

学习、健康生活、责任担当、实践创新六大素养发展的基础维度，幼儿的适应能力直接或间接影响幼儿基于六大核心素养的全面发展。

如今，幼儿大多是独生子女，没有过多机会接触社会，幼儿往往容易出现社会适应能力的不足，不利于幼儿其他核心素养健康积极向上地发展。幼儿社会适应能力较弱的现象主要表现为：第一，难以专注一件事情，注意力不集中，容易转移和分散，不会主动做一件事情，就算被安排了任务，也不会想着在第一时间去完成，而是处在一个懈怠的状态中。第二，缺乏自己的想法和见解，在集体活动中往往处在一个被动的状态，经常出现出胆怯退缩的现象；或者以自我为中心，只要稍微有一点儿不称自己心意的，就大发雷霆，要求别人对自己百依百顺，部分幼儿还会存在攻击性行为。第三，害怕失败和挫折，一旦在某件事情上失败了或者遇到了挫折，就会产生出沮丧、愤怒等情绪，并且不愿意进行第二次尝试。第四，对学习产生抵制或者对抗的情绪，或者对学习产生厌烦、焦虑、恐惧等情绪，更严重的甚至会出现厌学症，导致每天郁郁寡欢、食欲缺乏、闷闷不乐等；第五，容易与同伴发生冲突，起了冲突之后就用暴力解决，可能有的幼儿还会在教师上课时，经常打断教师的讲课，在别人说话的时候打扰别人。第六，自制力差，做事容易丢三落四，难以进行自我调控，对外界的依赖性很强，什么都需要别人替其安排好。

在案例3-5中，幼儿小红（化名）是一位适应能力较弱的幼儿。幼儿产生社会适应力较弱的原因有多个方面：一是幼儿的年龄过小，自我控制能力比较弱。二是幼儿对人际关系表现得过于敏感和多疑，社会适应能力方面容易出现较多的退缩或攻击行为。三是家长经常忽视幼儿，不尊重幼儿的想法。尤其是低收入的父母过于忙于生计，不能定时与幼儿园保持联系，不能及时关注幼儿在园内集体中的表现，无法对幼儿社会适应能力的强弱做出及时干预。四是家长的价值观问题。家长自身做事缺乏正确的价值观作为合理引导，做事缺乏原则，从而导致幼儿在集体活动中缺乏规则意识，在社会交往中往往出现破坏性的行为。五是家长对教师的态度不好，在幼儿面前说教师的坏话，导致幼儿逐渐失去对教师的权威感，在社会人际交往中便会出现不服从他人安排的现象。六是电子产品的普及给幼儿社会交往能力发展带来了一定的负面影响。随着电子科技产品的发展，幼儿与幼儿、幼儿与成人、幼儿与社会交往可以通过电子产品进行，直接的、亲身参与社会交往的各种活动机会逐渐减少。

案例 3-5

幼儿小红（化名）初进幼儿园 [①]

小红（化名）是个漂亮文静的小女孩，她刚进幼儿园时，每天又哭又闹的，这是新入园幼儿的一个普遍且正常的现象。但一个月过去了，其他的幼儿都逐渐适应了幼儿园的环境，只有她还是一个人坐着，不愿意与人交流，也从来都不同其他的幼儿一起玩耍。她总是一个人默默地看着别人，从来都不主动跟别人搭话。与此同时，小红也从来不主动与教师接触，只是被动地回答一些教师向她提出的问题。

案例评析：

作为受过专业培养的幼儿教师，应了解形成这一现象的原因，并及时做出处理。首先，作为一名教育者，教师应了解该幼儿的原生家庭环境以及社区环境，同时要向家长了解幼儿平时在家的生活方式，并向家长反馈幼儿在园的基本状况，让家长配合教师的工作，密切关注幼儿的身心发展状况；其次，教师鼓励幼儿参与到小朋友的游戏中，让幼儿感受到有朋友、教师、家人陪伴的幸福感，感受到与朋友一起玩时的快乐。

在幼儿教育过程中，幼儿教师应基于幼儿健康、积极向上发展的六

———

① 该案例来自某幼儿园教师教学反思手稿。

大核心素养与能力，将幼儿发展目标纳入一日生活组织与保育中，激发幼儿体会交往的乐趣。

幼儿教师激发幼儿交往兴趣具体可以包括以下几个方面：①鼓励幼儿参与游戏环节，让幼儿感受到与同伴交往的乐趣。教师可以根据幼儿的年龄特点、游戏状态与需求等作出适当改变。如"任务式"游戏是要幼儿从游戏的需要出发，与其他区域的幼儿协助完成某项任务。这样，幼儿可以充分、自然地与同伴进行交流，通过与同伴一起发现问题、分析与解决游戏中遇到的各种问题，促进幼儿与同伴之间的交往兴趣。②开展主题活动。主题活动是幼儿与同伴之间围绕某一个游戏主题，在游戏过程中使用不同区域之间的游戏材料、与游戏者发生互动来进行的。在这个过程中，教师尽可能让幼儿成为主题活动的主人，自己动手创造自己想要的游戏世界。③利用节日，走亲访友的时机，鼓励幼儿与成人进行交往互动，并且建立良好的亲子关系。家庭是幼儿主要的生活场景之一，也是幼儿身心成长与教育得以发生的场所，家长与亲友之间的关系可以拓展和丰富幼儿的精神世界，幼儿的不同交往思维是可以通过家长与其他交往对象产生与发展起来的。亲友们的言语、行为与对待幼儿的态度影响着幼儿今后的生活方式与思想观念。家长应创建良好的亲友交往氛围，为幼儿提供不一样的社会交往环境，让他们感受到人与人交往的幸福与快乐。

2. 利用《3～6岁儿童学习与发展指南》，优化教师实施一日生活与保育的专业能力

教育部在2012年颁布的《3～6岁儿童学习与发展指南》（以下简称《指南》）中指出，在实施过程中应关注幼儿学习与发展的整体性，尊重幼儿发展的个体差异，理解幼儿的学习方式和特点，重视幼儿的学

习品质。[①] 教师在实施一日生活与保育过程中，应以《指南》为参照，一方面要确立幼儿具有在一日生活中规划与调整自己行为的能力，将其视为核心素养培养的重要途径之一的专业理念，将教师的生活与保育由强化和限制转化为引导和辅助。另一方面，要明确一日生活是作为保障幼儿和教师发展而存在的。从一定意义上说，幼儿园保教质量的高低并非取决于它是否有足够的项目和计划，而是取决于它是否促进了幼儿六大核心素养的发展。作为幼儿教师，应解放思想，以更开放的视野来审视教育实践问题，而不应被时间、空间规训为固定的模式与思维。教师需要与幼儿共同存在于联结的教育共同体中，教师应重视幼儿在生活环节、自由活动环节中的弹性"预设"目标，以此来观察、了解幼儿实际生活与核心素养发展各方面的情况，并据此来反思教师一日生活与保教行为是否促进了幼儿的全面发展，进而使教师在一日生活的组织与保育中给予幼儿一定弹性的发展空间，并及时更新教师一日生活与保育工作计划与实施步骤。

二、良好环境的创设与利用能力

良好环境的创设与利用能力主要表现为幼儿教师组织并管理的幼儿园物质环境与精神环境的创设。

（一）幼儿园物质环境创设

幼儿园物质环境是一种非形式化的教育，具有一定的情境性、暗示性与渗透性等特点。它能够促进或阻滞幼儿的良好发展，对幼儿的发展与成熟起着关键作用。因而，幼儿园物质环境在创设过程中应充分体现环境育人意识，使有限的空间发挥无限的育人作用。从这个角度说，对于幼儿园的空间布局与内容予以合理规划与科学布局需要充分考虑幼儿

---

① 教育部关于印发《3～6岁儿童学习与发展指南》的通知——中华人民共和国教育部政府门户网站（moe.gov.cn）.

的成长规律与需要。幼儿园物质环境创设主要分为幼儿园主体建筑、走廊与班级环境创设。

1. 幼儿园主体建筑

幼儿园主体建筑是幼儿园园内外环境所塑造的整体场所，富有一定的审美效应。幼儿园主体建筑主要以总体体积与形状的力学美给幼儿带来视觉冲击与享受，如建筑物中的点、线、面、色彩等元素给幼儿带来节奏感与韵律感，给幼儿带来精神与心理上的促进作用。就幼儿园的建筑物而言，现在大多数幼儿园从多样化的色彩、动力感十足的建筑风格方面下功夫，给幼儿创建自由、开放与温馨的教育物质环境场所。幼儿园主体建筑物不仅关注外在的建筑较好的美学属性，还需要聚焦内部班级环境中物理场所的范畴，包括卧室、走廊、户外活动场地等。

2. 幼儿园走廊

幼儿园走廊是幼儿活动较多的地方，是幼儿做游戏、每天进出幼儿园的必经之地，也是以后幼儿回忆幼儿园最为美好的记忆。幼儿园走廊环境创设主要表现为：一是幼儿园可以从幼儿审美情趣出发来设计与装饰走廊。如将废弃的瓶瓶罐罐涂上丰富的色彩，用丝带将它们串联起来，悬挂在走廊两边，供幼儿轻轻敲打吊饰，奏出奇妙的乐章。二是走廊的创设也可以根据大自然的季节变换来设计。如在夏意正浓的日子里，教师用大片的绿色树叶装点走廊，有时还可以用竹制品做一些昆虫的形状制品贴在叶子上，吸引幼儿努力探索大自然，在大自然中寻找昆虫的踪迹。在硕果累累的秋收季节里，教师可以指导家长用秸秆搓好绳子，引导幼儿用草绳做成逼真的海浪制品，在海浪制品里悬挂各种海里的虾、鱼、螃蟹制品等。教师也可以用草绳编成蜘蛛网或水帘洞，水帘洞是四大经典之一著作中《西游记》的典型情境，教师可以用草绳编织成网状，树叶间会有小猴子与孙悟空的戏耍玩具模型，这不仅可以增添幼儿在走廊里游戏的兴趣，还可以学习一些关于《西游记》的经典故事。三是走廊的设计应根据幼儿的年龄多角度展现不同主题的教育图片。如奥运精神的体育图片、科技奥秘的科学画廊，还有涵盖理想、爱国、励志等多方面爱国情怀的教育内容。这些主题教育图片与内容对优秀的生命状态与实现的文化教育理想有着更深理解与领悟。幼儿园走廊的每个角落、每个景点都是"无言的教育"，蕴含着浓厚的教育气息，幼儿园成为幼儿生命成长的乐园，成为真正实施文化教育的重要阵地。

3. 幼儿园班级环境

幼儿园班级环境创设是一种可观、可感的隐性环境，是幼儿进行深度探究的场地，为幼儿的生命成长奠定基础。幼儿园班级环境创设中，教师结合幼儿的想法与需求，体现幼儿的主人翁身份，让幼儿亲自参与到创设的环境中来，提升幼儿的创造力。如小班幼儿刚进入幼儿园陌生的环境中，分离焦虑比较严重，为了增加幼儿对幼儿园的亲切感，教师可以引导幼儿动手自己画画，制作简单的图片来装饰教室。幼儿每天看到自己的作品，会逐渐消除对新环境的抵触感与隔阂，渐渐投入到幼儿园的生活中来。幼儿园班级环境创设还可以将幼儿的手工制作品，如剪纸、树叶创意制作、扎染等张贴在教室的墙面上，不仅能供幼儿们互相观摩，交流与学习，还能发挥幼儿的想象力、协调能力，有助于形成良好的性格品质，对幼儿的健康成长产生了深远的影响。在这个过程中，幼儿体验到动手的快乐，又有一定的成功感与喜悦感，充分促进了幼儿参与班级环境创设的积极性，感受班级环境主题创设的价值意蕴，进而引发他们的动手能力与合作能力的发展。

总的说来，幼儿园物质环境创设中需要注意色彩的搭配。色彩的搭配是幼儿视觉反应最为敏感的因素，具有一定的鲜明性、认知性、真实性与审美性的功能，影响着幼儿的思维与注意力。人从出生之日就处于五彩缤纷的世界，人与色彩关系密切。其主要表现为：色彩被人感知与人对色彩的需求。在鲜艳的色彩语汇中，颜色有冷暖之别，并非来自物理上的真实温度，而是由人的心理联想构成的。如寒冷的冬天，房间的色彩宜采用暖色调，会增添房间的温暖感。炎热的夏天，房间采用蓝色、绿色等冷色调可以给幼儿清凉的感觉。这些都是因为色彩在人的视觉上具有一定的膨胀感与收缩感。

幼儿园物质环境创设中除了需要根据幼儿身心发展特点注意色彩的搭配，还应注意桌椅的高度，其摆放应符合幼儿的年龄特点。另外尤其是玩教具、游戏材料等应向幼儿全部开放，要让幼儿在玩的过程中进行学与思，这不仅在物质层面上让幼儿获取充足的供应，还意味着幼儿心理与精神层面的满足。蒙台梭利认为，儿童具有独立的思考能力，能够从自身角度主动触碰外部世界，主动进行发现与探究自己所感兴趣的东西。

（二）幼儿园精神环境创设

幼儿园精神环境中蕴含着幼儿园园风、教风等因素，是幼儿身心赖以生存的基础，既能给幼儿带来心灵上的安全与愉悦感，也能使幼儿教师对幼儿园产生一定的归属与认同感。幼儿园精神环境包含幼儿园规章制度、管理人员及教师良好人际关系的环境建立等。

1.幼儿园规章制度的建立

幼儿园规章制度是规范幼儿教师行为的准则。就制度而言，它具有客观性，这意味着在制度的执行过程中，人人必须遵守制度，不能因人设障，也不能绕道而行。制度虽然具有一定的科学性，但也要具备一定的人文性。制度的科学性表现在建立幼儿园考勤制度的时候需要长远打算，既要考虑制度规章的实际运行，也要考虑规章制度的与时俱进。

如规章制度制定过程中可以广泛征集教师意见，对教师反馈的意见要予以听取与研究。如在案例3-6某幼儿园制定的有关教师的考勤制度中，考虑到了因路段远近距离不一样的教师，幼儿园给予一定的补贴与支持，体现了幼儿园规章制度是建立在公平的基础上的，体现一定的人性化管理。

案例 3-6

某幼儿园制定考勤制度

某幼儿园制定考勤制度，幼儿园中有部分教师家庭距离幼儿园稍远，幼儿园规定在给路途较远的教师记录考勤时，可以延迟十分钟。此规定一经制定，引起幼儿园教师纷纷议论。尤其是近路段教师颇有微词。

案例分析：

幼儿园分别对待不同家庭距离幼儿园的教师反映了幼儿园管理者考虑了幼儿园教师的实际情况，可对于管理全园教师来说，必须体现一定的公平性，关于不同距离的幼儿园教师，幼儿园可以在交通费用上进行补贴，鼓励教师在规定的同一时间到达幼儿园，有利于幼儿园的人员管理。幼儿园规章制度的制定在公平性上不能小觑，要在公平基础上体现一定的人性化管理。

2020 年，全世界遭遇百年未有之新冠肺炎疫情，在疫情防控期间，有研究指出，近一半的普惠性幼儿园发放的工资相当于平时的 60% 及以下，有些幼儿园甚至停发了教师的工资。在此特殊情况下，有些幼儿园管理者带领教师进行线上课程开发，一方面提高教师信息技术应用能力与教学能力；另一方面幼儿园允许教师在完成幼儿园相应的任务时，可以灵活安排工作时间，方便教师从事兼职来弥补因疫情影响导致工资下调的经济损失，经济效益较好的幼儿园还给教师免费发放各类物资，一定程度上缓解疫情带来的物质紧张。这些规定与举措无不反映幼儿园在制定规章时所彰显的人文性。

2. 幼儿园管理人员良好人际关系环境的营造

幼儿园是一个以女性居多的行业用人之地，幼儿园管理人员的生活背景、思维方式与知识经验的不同影响着幼儿园教育幼儿的发展方向与质量。幼儿园管理人员分为高层管理人员，如园长、书记副园长等；中层管理人员如人事部门、教务部门、后勤部门的管理人员；基础层面管理人员如各年级教研人员、优秀教师代表、学科带头人等。作为幼儿园园长，一定要引领幼儿园良好文化氛围的营造。因而，幼儿园园长需要在自身教育的研修中学会反思，用反思的思维去审视外部世界给幼儿教育本质上带来的变革。

如今，全球化时代来临。全球的变化可以用 E 开头的两个单词体现。一个是教育（Education），另一个是经济（Economics）。即教育和经济，这两者的发展是密切联系的，技术手段的变革，经济的快速增长会惠及成千上万的人，使其成为中产阶级。同时，教育的变革也会催生更多的中产阶级。面对这样的一个大环境，幼儿园园长应认识到传统的教育方式虽有价值，但已经跟不上科技和创新边界的时代，幼儿教育需要由单一的判断标准与价值转为多元化的标准教育体系。同时，作为幼儿园书记，要加强幼儿园管理人员与教师在思想上的价值引领，鼓励管理人员站在幼儿教师与幼儿角度上学会自我反省，进而在工作方法、手段与模式上不断自我创新。如作为幼儿园高层管理人员，要有敢于承担责任的勇气与力量。幼儿园高层管理人员在管理过程中，虽拥有很多的权利，但更多的是一份责任。幼儿园高层管理人员要在实践中找到自己的管理优势，不断进行思辨，带领教师学会挑战新的教学理念与方法，学会用知识点亮幼儿的心灵，成为将来社会的领路人。

3. 幼儿教师良好人际关系环境的营造

幼儿教师良好人际关系的营造已成为影响幼儿园办学质量的重要

因素。幼儿教师人际关系表现为教师与同事、领导的交往，同时也可表现为教师与教师、幼儿、幼儿家长之间的交往。良好的人际关系，有利于调动幼儿教师工作的积极性，有利于教师健康心态的形成，有利于巩固幼儿园组织机构的发展，有利于幼儿教育质量的提高。从幼儿教师的工作性质与岗位要求来看，幼儿园主班、配班以及保育员各自有相对明晰的保育与教育任务，但很多时候都需要通三者之间的互相协调来完成本班的保教任务。在这个过程中，部分教师由于受职业倦怠、同工不同酬及专业素养起点不齐等因素影响，"出工不出力"现象极为凸显。笔者调研 F 幼儿园发现，现今幼儿园会引进一些年轻教师与老教师进行搭档，年轻教师往往思想、观念较为新潮与前卫，而老教师观念较为保守与传统。新、老教师在一起工作必然会产生一定的摩擦，甚至有些即将退休的老教师保守、消极的工作态度使新教师陷入过于繁重的保教任务之中，无法很好地适应新的工作环境，使班级内部良好幼儿教师人际环境的营造陷入困境之中。同时，部分新教师往往具有"教师为主，保育员为辅"的自我中心思想，忽略甚至不理解保育员的工作。这也是不利于教师良好人际关系环境营造的。

良好的教师人际环境营造需要教师之间做到友好沟通，用敬业务实的工作态度来将幼儿园团结得像一个大家庭。幼儿园用共同的价值观念将幼儿园教师紧紧凝聚在一起，通过教师与教师之间的交流引导和激励教师自觉反思、拓展和完善对保教工作的认识与理解。同时，幼儿园需要以挖掘良好的教师人际关系进行互动文化为支点，对幼儿园各层级管理人员与教师的成绩给予肯定与有效激励，确保教师在彼此信任与团结协作的互动氛围之中，使幼儿园积极的和有活力的教师人际交往得到不断彰显。

三、幼儿教师信息技术应用能力的提高

2020 年 3 月，教育部明确要求提高教师信息技术应用能力。信息

化技术教育运用于课程的方式主要是教师将设计好的多媒体软件展示给幼儿，幼儿根据提示自发地思考教师提出的问题，而进行探索性学习的一种教学模式。教师在运用此模式进行教学设计时，不仅把多媒体看作一种使抽象的知识形象化的工具，还应注重多媒体是促使幼儿综合认知能力提高的重要手段。《中国儿童发展纲要（2011—2020年）》指出，教育信息化已经被列入国家信息化发展整体战略之中，各级各类学校的教育信息化体系要进一步深化与发展。值得关注的是，教师在培养幼儿信息化技术思维方式的过程中要注意训练幼儿的注意能力、观察能力、动手实践等认知能力，全方位提高幼儿对于信息获取、信息分析、信息加工、信息处理以及运用信息的能力，引导幼儿从这些信息中进行主动探索性学习，促进其内隐学习能力的发展。因此，交互性是教师对幼儿进行信息技术教育时必须考虑的因素。教师在运用信息化教育时，不仅要考虑信息技术带来相关课件画面的精美、文字的趣味，还要重点把控课堂教学内容、相关素材和练习这三个方面。

由于多媒体教学课件有极高的信息承载力，能在短短的20分钟内，呈现形象的图片、生动的影像以及逼真的音响等，使教师在有限的课堂时空内，不仅让幼儿体验美的感受，又学到必要的知识，充分发挥了信息化教育资源的优势，收到了良好的课堂教学效果，提高了幼儿综合认知能力。因此，课堂教学内容、相关素材以及练习三者之间是紧密联系的，缺一不可。基于三者之间的密切配合，信息化教育使教学内容形象生动，易于理解。相较传统的一书、一笔、一黑板的固定老旧的教学形式，信息化教育教学内容呈现制作的多样性与丰富性。

幼儿教师信息技术应用能力是指在信息化教育的环境中，幼儿教师运用多媒体等硬件和软件教学资源与学生进行交流和对话，使其成为信息社会一员的能力。资料显示，美国在20世纪50年代已经开始将信息化技术与仪器用于课堂，如电子读物动态图画、其他的视听材料或者资源，对幼儿学习的知识进行具体化，从而提高教师教学质量以及幼儿的学习效率。

（一）幼儿教师具备信息技术能力的意义

1. 颠覆传统教学方式，赋能教学强大生命力

将信息化教育运用于幼儿园五大领域教学的有效融合，将产生强大的教学生命力。建构主义认为，学习是一种真实情境的体验与意义生成的过程。然而，在幼儿园教学环境下，教学是非情境化、以教师传授为主的学习过程。通过引入信息技术，可以改善课堂教学环境，提升教学效果，赋能教学强大生命力。有研究显示，在信息技术教育背景下技术丰富的课堂中有以下内容。

首先，班级教学转变为小组教学。信息技术背景下，幼儿教师可以组织幼儿围绕多媒体提供的情境教学分小组探讨问题。在多媒体的辅助下，幼儿可以摸索方法、探讨和解决问题，这是幼儿园对幼儿传递知识方式的创新，这些知识可能在幼儿生活中无法自然获得，但可以通过小组探讨与教学进行有意识的获取。

其次，教师传授知识将与技能并重。信息技术下知识和技能相辅相成，不可分割。知识通常分为"有形"知识和"无形"知识。有形的知识是用文字记载、编码与传播的知识，是用于解释自然和社会原理和规律方面的理论；无形的知识是在有形的知识基础上以实践经验积累的、不容易编码和领悟的知识。信息技术背景下的技能则贯穿于知识的学习中，需要使用信息技术辅助、引领幼儿去理解所学的知识并应用于实践，掌握相关技能有助于幼儿理解、分析与获取知识能力的培养。

再次，教师可以提高教学效能。在课堂中，参与学习有困难的幼儿在学习活动的情感、认知与行为投入上都低于其他幼儿，教师可以通过信息技术教学让幼儿从接受学习转向发现学习来提高幼儿学习的投入度、参与度，从而提高幼儿的学习效能。

最后，幼儿投入学习的主动性将会提高。在课堂教学中，教师运用信息化技术能使教学过程呈现情景交融，启发幼儿对表象进行分析，使其思维向深层次发展，给课堂注入活力，激发了幼儿的兴趣，使其主动投入学习。在教学过程中，教师利用信息技术将"死"变为"活"，将"静"变为"动"，集声、色、乐为一体，帮助幼儿进行思维与想象。想象来源于思维，是个体思想的内驱力，教师在教学中应重视想象的教学，有利于培养幼儿思维的创新性与深刻性。教师要把幼儿培养成"自主学习，自主发展"的一代新人，在教学中既要发展智力又要发展能力。通常，幼儿很难用形象地去感知抽象内容，并将其充分展现与分解出来。教师可以根据幼儿的基础，自主决定学习进程和学习策略，将学习由被动变为主动，加强幼儿逻辑推理能力的培养。在教学中，教师恰当运用信息技术可以创设虚拟与现实的交换情境、活跃幼儿思维和丰富幼儿的想象，从而加深幼儿对所学知识的理解，收到良好的课堂教学效果，促进教学目标的实现。此外，信息技术还能使教学时空从课堂时空向课外时空延伸，进一步为建构型的学习提供更广阔的教学空间。

2. 促进幼儿认知能力和内隐学习潜能的发展

认知能力具体体现为幼儿注意、记忆、思维、情感、语言等能力的总和。信息化技术教育通过信息化技术的产品，使幼儿形成比较丰富的主体认知经验以及逻辑思维能力等综合素质能力，促进其内隐学习潜能开发。内隐学习是个体无意识获取信息，并对信息进行无意识提取加工与解决问题的过程。[①] 如当幼儿在聆听歌曲或观看音乐视频时，内容都与上课的主题或当前学习关注的发音、反义词、一年中的月份、动物等领域相关，对于幼儿来说，看到和听到某一内容，可以帮助他们建立关联。在这个过程中，幼儿个体没有意识到他们学习的具体知识内容是什

---

① 郭秀艳. 内隐学习和缄默知识 [J]. 教育研究，2003（12）：31.

么，但却学会了这些具体的知识内容。与此同时，幼儿教师可以通过让幼儿观看视频短片为其建构提升内隐学习能力和认知能力的情境，也可以在引导幼儿重复观看视频的过程中向幼儿提问，考察他们能否将看到的内容与他们已掌握的知识联系起来。通过提问，促进幼儿认知能力和内隐学习潜能的发展。

现今，幼儿教师在日常的教育教学中工作量非常大。多数幼儿在接受知识时由于直接经验的缺乏，其有效性不高，原因是幼儿在利用自身知识解决问题的过程中没有有效参考解决问题的意见或建议。信息技术教育运用于幼儿园教学课堂，不仅可以根据幼儿的个性特征制定个性化方案，激发幼儿对于知识的求知欲，还可以对幼儿在学习过程中遇到的学习困难给予积极、及时的帮助。通过信息化技术教育的各种软件，幼儿教师可以设计多元化的情境，激活幼儿学习兴趣，唤醒已有的知识经验，激发幼儿进行关于知识意义的建构，让幼儿在知识学习方面增强效能感。

3. 促进幼儿主动学习替代被动接受惩罚

通过信息化技术教育所提供的情境和媒体，能够使幼儿主动并且有步骤地学习知识这是信息化技术教育运用的积极结果。教师可以根据幼儿的学习程度选取不同的学习方案，帮助幼儿进行尝试性的主动学习，幼儿可以在心理上通过程序提示综合个人的想法，给出解决问题的方案。相比之下，教师运用刻板的、传统的方式灌输给幼儿知识，并试图尝试利用惩罚的方式来唤醒幼儿积极的态度是不妥的。因此，在教师的辅助下，给予幼儿信息化技术教育情境学习是十分必要的。通常，幼儿主动学习知识的因素取决于三点：第一，教师必须了解幼儿学习的价值是什么；第二，教师要了解对于幼儿有效率学习涉及的相关程序软件知识的难度、覆盖面以及幼儿的接受程度，这是影响幼儿主动性学习的关键；第三，家长可以下载或者运用相关程序软件配合幼儿园的学习，以起到一定程度的复习与强化作用。因此，在电子科技发达的今天，信息化技术教育已经成为一种替代惩罚，从而辅助教师进行教学，并能够根据幼儿的特征进行主动学习的一种主要教学辅助工具。

（二）幼儿教师具备信息化技术能力的建议和策略

1.有效获取幼儿园信息技术教学发展资源的途径

幼儿园信息技术教学发展资源是指用于幼儿园教师教学发展相关的信息教学资源，专门为幼儿园教师教学能力提升而开发的可以在多媒体及网络环境下运行的信息化教学材料，供受训者学习的多媒体学习材料。幼儿园信息技术资源的获取主要途径有三个。

首先，现有教学资源的信息化改造。在现存的教学资源中，幼儿园应组织相关教育技术人员对现有教学资源的图片与文字材料通过数码技术转化为可在计算机上加工、处理、传输的数字化教学资源。

其次，师生创作的电子产品。这部分的动态教学资源是信息化学习情景中产生的一种新型教学资源。主要包括：（1）展示性作品。教师作业的电子稿，可以选择优秀且典型的电子作品发到网上供其他教师观摩学习。（2）师生作品交流集。这类作品是关于教学的作品集，主要源于教师与幼儿之间的交流。交流作品可以是教师与幼儿就某一问题的讨论过程与结果。

最后，由专业人员开发建设的资源。这部分源于教师对幼儿作品进行评价的教学活动。这类资源可以分为自建与外引。自建主要是由幼儿园组建的专门技术团队为幼儿园教学工作与培训进行的自主研发。外引主要指购买成熟的资源库。它包括网络课程、课件、声视频材料等。由于幼儿认知能力的差别，有条件的幼儿园可以鼓励广大教师和技术人员利用信息化工具，按知识点来开发信息化技术教学资源。同时，幼儿园可以发挥企业作用，利用其雄厚的资金和大量高水平的科技人才，开发出高质量、高水平的信息化教学资源，包括一些高技术含量的信息化教学资源，以此来满足幼儿个性化的学习需求。

2. 建立幼儿园信息技术教学发展资源中心团队

通常，幼儿园教学发展资源开发团队由组织管理人员、主讲教师团队、教学设计人员、多媒体制作人员、技术开发人员组成。根据课程开发数量的多少可以灵活安排整个开发队伍人数，有的人员也可以同时扮演多重角色。团队各角色成员具体分工如下。

首先，组织管理人员负责前期需求调研。通过调研，了解制作需求，制订课程计划，在开发过程中协调开发团队的角色工作。组织管理人员一般由幼儿园分管教学的园长及各年级教研室组长组成。

其次，教师团队主要由主讲教师和教辅人员组成。主讲教师负责网络课程的总体设计、课程校本编写及制作指导，并提供课程建设所需的相关资源，完成相应内容的视频讲解。主讲教师是网络课程设计和资源建设的组织实施者，一门网络主题课程可以有多个主讲教师。教辅人员的主要任务是辅助主讲教师完成以上工作。

最后，教学设计人员负责网络课程教学设计，主要与教师团队沟通，共同对网络课程进行详细设计，确定课程设计方案，与教师团队共同完成网络课程的脚本制作，并引领多媒体制作人员和技术开发人员完成课程开发。此外，媒体制作人员根据主讲教师团队和教学设计人员制定的网络课程设计方案，进行课程的界面设计、媒体处理工作，包括视频的拍摄与后期的课程合成、测试、发布和维护等技术处理工作。

3. 建立幼儿园信息化教学发展资源信息库

第一，建立教学发展资源库类型。教学资源信息库主要包括单个子系统：资源管理、系统管理、资源建设与使用交流，用于对教育资源进行管理、维护与更新；幼儿园在自建或选购商业化资源库系统的时候，应主要考虑以下两方面的原则：一是资源库设计的原则。一般资源库系统用户量都比较大，所以要考虑硬件系统的可扩展性和性能设计，以方便今后的升级维护。资源库对数据安全性要求较高，因此注意软件系统的安全性和可靠性。二是为确保资源管理系统完成所有类型的资源管理，资源库系统应具备资源的查、录、删与改功能、资源的单个录入及批量录入功能、良好的导航及检索预览功能、对各类素材都具备相关类型的显示功能、评论功能与系统管理功能。值得注意的是，建立教学发展资源库应注意资源所呈现的知识内容、解说、音效等必须真实且准确。

第二，建立教学资源信息库的开发步骤。在建立教学资源信息库过程中，幼儿教师梯队成员可以充分利用信息化资源，选择性地获取相关教学课程的知识与技巧，并寻找与之相关的研究素材，研究并整理有价值性的素材及它们之间的关联性，制订出集合幼儿语言、科学、社会、健康、体育五大领域具有本园特色的综合性教学资源信息方案。幼儿园教学资源信息库具体开发步骤可分为四个阶段，具体可见表3-2。从幼儿园信息教学资源开发上来说，团队成员应根据幼儿语言、科学、社会、健康、体育等五大领域制订每一块领域学习要点以及学习方案的单科特色信息教学资源方案。如语言课是幼儿园首先要实施的课程，语言类信息教学资源方案运用在幼儿教师具体讲授过程中应强调以下两点：一是幼儿园设计的信息教学资源可以根据不同年龄阶段的幼儿设计跳转灵活的平台结构；二是信息教学资源需要设置适合幼儿心理年龄特点的阅读内容，让幼儿在选择阅读的过程中保持一种愉悦的心情，并在教师与家长的指导下，及时捕捉重要信息，养成阅读时的高度专注力。

表 3-2　幼儿园信息化教学资源开发步骤

阶段	步骤	具体内容
第一阶段：分析阶段	分析学习条件	了解幼儿的学习能力；分析幼儿的先行知识背景。调查幼儿学习环境；分析幼儿已经具备哪些相关学习技能。
	明确教学目的	调查幼儿的知识需求；确定课程的教学目的；确立具体的教学目标。
	分析教学内容	确立相应的教学内容；分解相对独立的知识结构。设计教学流程图；详细规划教学资源开发的文字脚本。
第二阶段：设计阶段	选择教学构件	确定需要表述的文本化内容；确定需要用声音呈现的音频内容；明确视觉化内容；收集、选择或创作相适应的资源素材。
	设计教学策略	确立课程的框架结构及桌面结构；设计与每一个知识点相对应的教学策略；确立与一定的学习类型相适应的信息应用技术；设计由幼儿控制的交互类型与反馈方式；设计教学内容间的超媒体链接方式。
	创设教学情境	建立起不同构件之间的相互链接关系；设定幼儿在学习过程中的练习方式；设定由幼儿控制的自我检测方式。提供有用的工具与技术支持；指出可供学习者参与的其他学习资源；提供幼儿进行交流反馈信息的网址或方式；设置专供幼儿讨论使用的论坛与"聊天室"。
第三阶段：评价阶段	检查资源设置	检查构件与内容的匹配情况；检查框架机构及桌面操作情况；检查便捷工具的使用情况。
	试行学习评价	在小组范围内进行试运行；了解软件资源的运行情况。测试、调查幼儿的使用效果。
	反馈调整设计	听取专家和教师的建议及意见；根据运行的反馈信息进行调整或修改。
第四阶段：应用阶段	及时更新维护	管理维护教学资源所在的网站；定期更新教学内容。对学习者征询的各种问题及时反馈指导；为学习者提供所需的其他相关服务。

　　在开发幼儿园教学资源过程中，教师可以根据教学目的、教学内容以及教学所用到的设备，建构综合性课程的电子方案并对幼儿进行主题活动方面的教学。在某种意义上说，主题活动的教学是汇集了幼儿教育中五大领域的综合知识教学。教师需要收集、整理以及处理大量具有可用性以及关联性的资料并分析其价值，这在一定程度上体现了教师作为专业人员设计信息技术教学资源的能力。此外，教师可以根据幼儿在信息技术环境教育下表现出的种种外显性行为，探索并调适多样的电子方

案来满足幼儿在学习过程中的各种需求。信息技术教育需要幼儿园教育科学研究平台不断引导教师参与其中，提升教师在设计电子教学方案中的教学理念以及思维能力，从而促进教师整体的科学研究水平。

（三）信息技术教学资源的评价

只有经过试行评价，才能检验产品的有效度，并获取相应的修改反馈信息。幼儿教师在进行应用评价时，幼儿教学专家、网络设计人员以及使用初级产品的幼儿代表共同参与，从而保证能够获得对教学软件的全面评价。幼儿园信息技术教学资源评价是以网络和计算机为主要途径，开展的它通常强调信息化教学系统课程对课程部分内的材料掌握，教师可以在幼儿学习下一部分知识之前通过计算机来呈现教学材料，评估幼儿对材料学习的程度，在完成程序的某一部分后，计算机会通过评分来给教师提供幼儿学习的即时反馈。根据幼儿的表现，教师可以确定教学效果并采用任何必需的矫正措施。大量证据表明，幼儿在信息技术处理下的辅助教学中比在传统教学中学得多，用时更短。但是教师无论采取何种方式，都需要考虑各种课堂模式以发现哪种模式最有利于学习。教师需要将其角色从传统的教授者转变为学习的促进者。

四、游戏活动支持与指导能力

（一）游戏的类型与意义

什么是游戏？幼儿为什么游戏？对人类发展而言，游戏有多重要？这是一个古老的问题。长期以来，许多学者都非常关注游戏，并在其著作中论述过游戏的价值和意义。游戏在幼儿期的普遍性说明它对有幼儿发展有一定重要意义，但具体包含哪些内容仍在争论之中。[①] 通常来讲，

① Hopkins, B.（Eds.），TheCambridge Encyclopedia of Child Development. Cambridge University Press，2005：361，361，361.

游戏的主要类型包括：物体游戏、假装游戏、社会戏剧游戏、身体活动游戏，其中物体游戏与身体活动游戏在哺乳动物中广泛存在。许多研究者认为游戏具有多方面的功能与价值。皮亚杰（Piaget）认为游戏是主体对外部客体的同化；维果茨基（Vygotsky）认为游戏是儿童语言与思维发展的主要力量。近几年来，研究者越来越明确意识到，游戏在神经系统生长发育中的核心作用，游戏是幼儿建造复杂的、熟练的、敏感的、社会和认知灵活的大脑的重要方式。①《指南》提出重视游戏和生活的独特价值。"研"好游戏活动对教师发现游戏价值，组织游戏活动具有重要的实践意义。

（二）教师游戏活动支持与指导策略

1. 游戏前：树立正确的教育观、游戏观，做好游戏环境的规划

从教师组织游戏的时间维度看，可以分为游戏前、游戏中与游戏后。游戏前教师需要树立正确的教育观、游戏观，做好游戏环境的创设，这是游戏高质量发展的前提和基础。游戏前教师需要树立正确的游戏观、教育观，做好游戏环境的规划，这是游戏高质量发展的前提和基础。具体说来，可分为两点：一是教师在游戏前需要对儿童生活世界进行了解，以及对儿童学习发展进行思考，将游戏看作幼儿在园生活的主要方式之一，尊重幼儿游戏的权利，支持幼儿自主选择玩法、玩伴、玩具，理解和支持幼儿在游戏中的想法和行为。通过游戏，幼儿可以自发地掌握大量行为技能与策略，使其更好适应当前环境，并为以后的生活做准备。如幼儿给娃娃"打针"的游戏就是帮助幼儿克服自己在打针时产生的恐惧感和无助感，有效掌握和控制他们所面临的情境。二是要认同游戏对儿童学习与发展的作用。由于幼儿处于年幼时期，对客观

---

① Robin Marantz Henig. Taking Play Seriously. The New York Times，2008，（2）：17.

世界有极大的兴趣与探究精神。幼儿教师可以通过游戏激发幼儿的学习兴趣，让幼儿主动学习。幼儿教师需要认识到游戏的本体价值，将教育目标与内容渗透在游戏环境中，创设充满探索、富有挑战、功能多样的开放性游戏环境，刺激儿童在与环境互动中主动发展，让幼儿"从做中学""在做中玩"，成为学习的主人，发挥游戏环境的功能作用。

2. 游戏中：形成"主动放权、观察解读、支持回应"的逻辑闭环

主动放权、观察解读及支持回应是游戏中的核心要素。进入游戏现场后，教师需遵循"最大程度的放手、最小程度的介入"原则，给予幼儿充分自由的游戏空间，允许幼儿自主选择玩具、玩法、玩伴，相信儿童在游戏中的自我判断和选择。正如鄢超云提到的"有质量的游戏，既强调在游戏中儿童有自主、自由的机会，也强调儿童的游戏应得到恰当的引导与支持"。教师还需持续关注、观察幼儿游戏，了解幼儿学习与发展的"最近发展区"，捕捉孩子在游戏中获得的关键经验和游戏中遇到的难点，进行适宜支持与回应。如在《CoCo 修桥梁》中，教师了解到幼儿遇到"水流向""管道连接"等问题，分别采用"提供材料""提问"等方式回应幼儿在游戏过程中遇到的难题，这些难题也成为幼儿游戏后续分享与学习的核心内容。在游戏过程中，幼儿教师通过主动放权、观察解读、支持回应形成的与幼儿共同探究的动态闭环关系，推动了游戏螺旋式上升发展，促进了幼儿的深度思考问题与自主创新的动手创造的实践创新能力。

3. 游戏后：组织好游戏反思，提升游戏课程价值

游戏反思是幼儿教师通过记录游戏过程出现的问题与经验，与同行进行互动与对话，为以后开展游戏活动奠定更有效的基础。这需要教师做到几点。

一是充分利用有限空间，科学投放材料。如今，很多幼儿园面临活

动面积较小，班级人数较多，班级物品较为拥挤等问题。教师在开展游戏时需要浪费很多时间去摆放材料，幼儿的游戏时间无法得到保证，影响了游戏区域的布置。为减少教师整理与摆放材料时间，教师可将走廊、幼儿图书室、科学发现室等辅助性教学区域合并利用，并给每班布置区角柜，及时提供幼儿游戏所需的材料。

二是做好游戏观察。幼儿在游戏中可能许多有意义的行为是无意识的，需要幼儿教师敏锐地捕捉幼儿在游戏中的重要细节，游戏结束后梳理这些关键经验和问题，及时引导幼儿梳理和明确游戏中的问题与发现，促进幼儿产生认知顺应，为下一步游戏提供铺垫与指引。

三是灵活运用语言指导策略，发挥教师引导的积极作用。游戏活动是满足幼儿主动学习、自主发展需要的有效活动形式，但目前有些教师在游戏活动中常用如"这样做不对""你应该那样去做"等指令性语言，对幼儿游戏过程中进行干预，不利于幼儿自主观察与学习。幼儿教师需要借助一些语言指导，具体为：（1）"转让式"语言的运用，如在建构区里，幼儿用积木搭桥，可搭了一半时间，桥始终没有成形，当教师经过时，幼儿开始求助。教师此时可尝试用"转让式"语言回答："我也不知道怎么搭，谁能帮我搭一搭？"来推动幼儿完成游戏的信心。（2）"暗示性"语言的运用。在传统教育模式中，教师是知识的权威，教师的任务是向幼儿输出知识。在现代，教师更多是以一个辅助者与观察者的身份与幼儿一起探究知识和知识。暗示是一种隐性的教育方式，教师在指导的过程中，并没有直接将游戏的方式、方法传授给幼儿，而是通过间接的语言介入，帮助幼儿寻找新的思路与方向。如在美工区，幼儿正在制作高楼，但有个男孩尝试了十多次都没有成功，他有些沮丧，将盒子摔在桌上。这时，教师应走到别的小朋友身边，用"暗示性"语言说："你看，佳佳小朋友做得真不错。"这种"暗示性"语言鼓励幼儿用自己的方式解决游戏过程中存在的问题，启发幼儿在游戏中进一步自主探究自身行为，进而解决问题。

五、教育活动计划与实施能力

幼儿园教育活动的计划、组织、实施是幼儿园教育的中心，活动的计划、组织、实施能力即是幼儿园教师的核心专业能力。幼儿教育活动的计划与实施能力的具体内涵包括：阶段性的教育活动计划和具体活动方案。在阶段性的教育活动计划中，幼儿教师应观察幼儿，根据幼儿的表现和需要，调整活动，给予适宜的指导。在具体的教育活动的设计和实施中，应体现幼儿教育活动的趣味性、综合性和生活性，灵活运用各种组织形式和适宜的教育方式，提供更多的操作探索、交流合作、表达表现的机会，支持和促进幼儿主动学习。

《幼儿园教师专业标准（试行）》[①] 对幼儿园教师的教育活动计划与实施能力提出了四项基本要求，这四项要求分别指向教师的不同能力，具体可见表3-3。

表3-3 幼儿园教师教育活动计划和实施能力分析表

《幼儿园教师专业标准（试行）》的具体要求	能力指向	知识基础
1. 制定阶段性的教育活动计划和具体活动方案。	教育活动设计能力	幼儿发展知识；幼儿保育教育知识；通识性知识。
2. 在教育活动中观察幼儿，根据幼儿的表现和需要，调整活动，给予适宜的指导	因人施教的能力	幼儿发展知识；幼儿保育教育知识。
3. 在教育活动的设计和实施中体现趣味性、综合性和生活性，灵活运用各种组织形式和适宜的教育方式。	运用适宜教育组织方式的能力。	幼儿发展知识；幼儿保育教育知识。
4. 提供更多的操作探索、交流合作、表达表现的机会，支持和促进幼儿主动学习。	引导幼儿主动学习的能力。	

树立正确的教育观，保证教育活动计划与实施方向的正确性。

在幼儿教育活动中，教师一定要树立正确的教育观，也就是以幼儿

---

① 教育部关于印发《幼儿园教师专业标准（试行）》的通知——中华人民共和国教育部政府门户网站（moe.gov.cn）。

在反思中成长：幼儿教师专业发展研究

为中心，主动了解幼儿的需求。教师可以通过分析幼儿处于哪个年龄阶段与其处于该阶段的身心特点是什么、在此年龄阶段的成长过程中出现了哪些问题及如何通过教育活动来解决这些问题等来解读幼儿的核心需求。如案例3-7中小班语言活动实施前，教师在活动背景、活动目标中对小班语言活动计划与实施的意义与价值做了一定的探究与阐释，活动实施过程中教师以幼儿为中心，从幼儿的角度出发，帮助幼儿理解朋友之间"拥抱"与不"拥抱"对朋友的意义。随后，教师又通过后面的故事情节，让小朋友们明白朋友之间要友好相处。

案例3-7

小班语言活动——大熊的拥抱节 ①

活动背景：

现在的幼儿一般以自我为中心，不知道如何关心别人，如何与别的小朋友相处，有些幼儿甚至和别的幼儿相处时出现不恰当的行为。《大熊的拥抱节》让幼儿明白：如果发现身边的朋友有缺点的时候，要关心他，帮助他改正错误。为了让幼儿学会交往、善待朋友，教师设计了《大熊的拥抱节》这一集体教育活动，让幼儿在交流中明白朋友之间应学会相互宽容、相互珍惜，进而发展幼儿的语言表达能力及社会性。

活动目标：在交流与讨论的过程中逐步理解故事情节；能用语言表达出不和大熊拥抱以及和大熊拥抱的理由；懂得朋友之间应该学会宽容、相互珍惜情谊。

活动准备：幻灯片、音乐。

活动过程：

一、谈话导入，引出拥抱节

小朋友，今天能和你们一起游戏，我非常高兴。你和你身边的小朋

---

① 该案例来自百度文库——大熊的拥抱节.https://wenku.baidu.com/aggs/3549ff 80d4d8d15abe234e4e.html.

友相互拥抱一下（体会拥抱的感觉）。现在我想问问，你们在拥抱的时候心里有什么感觉（引导幼儿说出开心、高兴、温暖等心情）？

有一只大熊非常想和别人拥抱，想知道大熊是怎样和别人拥抱的吗？大熊和别人拥抱的过程中会发生什么事情呢（情境迁移，引出拥抱节）？

二、运用课件，帮助幼儿理解拥抱节

观看课件，让幼儿知道故事的名字——《大熊的拥抱节》。

（播放课件，幼儿通过观看图片上的字，知道故事的名字，或者教师引导幼儿说出）

引导幼儿讨论什么是拥抱节。

请小朋友猜一猜拥抱节是什么意思（幼儿畅所欲言）？

教师小结：就像小朋友说的一样，拥抱节是一个快乐、温暖的和抱一抱有关的节日。

三、观看图片，通过交流和讨论让小朋友理解故事内容

播放课件，教师讲述，帮助幼儿理解故事内容（大熊是怎么度过拥抱节的呢？请认真看片）。

提问：

（1）大熊出门第一个遇到的小动物是谁（以此类推引出袋鼠哥哥、兔妹妹、红狐狸）？

（2）大熊热情地和小动物打招呼，想和它们拥抱，小动物和大熊拥抱了吗？

（3）小动物们都没有和大熊拥抱，大熊心情怎么样？

四、大胆猜想，用语言表达出不和大熊拥抱及和大熊拥抱的理由

（1）引导幼儿用自己的语言、动作和表情表达小动物为什么不愿意和大熊拥抱。我们都想和自己喜欢的人拥抱，为什么小动物不愿意和大熊拥抱呢？猜一猜，把你想象的理由表演一下（教师针对幼儿的回答，指导幼儿把话说完整，表达清楚理由）。

（2）播放课件了解小动物不和大熊拥抱的原因，看看和小朋友想的一样吗（小朋友想了这么多理由，我们一起去看看是不是我们想的那样）？

（1）提问：为什么小动物不愿意和大熊拥抱呢（大熊把兔妹妹的萝卜拔光了，还揪袋鼠哥哥和红狐狸的尾巴）？

小结：原来大熊做了让别人不高兴的事，所以没有人愿意和它拥抱。

（2）请幼儿为大熊想办法，让小动物们原谅他。

（大熊很伤心，很难过，但是在拥抱节这一天，大熊又非常想和小动物拥抱，怎么办呢？赶快帮大熊想想办法。）

小结：大熊向小动物道歉，大熊变了，不再做让大家不高兴的事情；小动物原谅大熊，学会了宽容，懂得原谅别人并别人。

活动反思：

本次活动就是要引导幼儿在交流讨论中理解故事情节，体验朋友之间要互相宽容、相互珍惜，要给别人改正缺点和错误的机会。幼儿通过学习这篇童话，体验到了角色的情感变化，理解了拥抱的含义，发展了社会性情感。本活动运用 PPT，形象的画面、轻柔的钢琴音乐，使故事听起来特别有感染力。孩子们在教师的引导下用完整的语言、形象的动作表达出小动物不和大熊拥抱的理由；在为大熊想办法改正缺点的时候，孩子们充分发挥想象力，把自己想到的所有的好事都说出来让大熊去做，在这里我看到了孩子的善良，同时也说明孩子们都是渴望友情，需要友谊的。在最后幼儿自己过拥抱节时，孩子们一番窃窃私语之后和自己的好朋友紧紧地拥抱在一起。我想，孩子们真正懂得了友谊的重要。在以后的日常活动中，孩子能够理解同伴，从同伴的角度出发，理解同伴的一些看法、想法、做法，并做出适宜的反应，这对以后孩子的品行养成是大有益处的。

六、沟通与合作能力

"家""园"合作中，幼儿教师与幼儿家长之间进行良好有效的沟通是非常有意义的。但是，人与人之间沟通是个错综复杂的过程，幼儿教师与幼儿家长也不例外。幼儿教师与幼儿家长之间沟通的技巧影响沟通的效果，特别是祖辈家长，如果不注意的话也可能会让双方心生芥蒂，导致双方在沟通过程中产生心理障碍。幼儿教师与家长要做到有效沟通，教师需要具备与家长沟通与合作的能力。具体体现为：一是有正确的沟通与合作态度。幼儿教师与家长彼此尊重是打下正确沟通与合作态度的情感基础。教师在与家长沟通与合作过程中不要打断家长说话，不要急于判断对与错，要仔细倾听家长关于幼儿教育的想法。从幼儿家长言语中了解他们的育儿观念，对于合理的建议，教师应做到及时地反馈并表示肯定，这样才有利于双方的进一步有效沟通与合作。二是要注意沟通的场合。当发现幼儿的某些缺点需要改正时，幼儿教师应及时向家长反映，以求得更好的"家""园"合作。但是在反映孩子的问题时一定要注意场合，如果不注意场合，就会适得其反。如在幼儿离园时，家长比较多，这时如果提出批评意见只会让幼儿家长觉得很不开心，忽视了幼儿的自尊，沟通的效果也会很差，还会在他们的心理留下沟通障碍，导致以后的沟通与合作会变得较尴尬。所以，提批评意见时一定要注意场合。三是要注意在沟通与合作过程中运用非语言技巧。幼儿教师在和家长沟通时如果能运用一些非言语技巧，可能会收获意想不到的沟通效果。如在与幼儿家长沟通与合作时，幼儿教师可以用平易近人的态度、保持灿烂的微笑，让家长感到对他们的尊重。用身体前倾和及时的简短回应来表示对话题有兴趣，同时在和对方沟通前、沟通中，也要注意观察对方的情绪。如此，幼儿家长才有继续沟通的意愿，可以更好地促进幼儿教师与家长之间良好的沟通与合作。

七、反思与发展的专业实践能力

幼儿教师的反思与发展的专业实践能力是教师运用专业知识和教育观念，审视教育实践出现的问题，分析其中深层次的原因，提出解决问题的相关策略与建议的过程。幼儿教师反思与发展的专业实践能力体现为：一方面，幼儿教师反思与发展能力可以使幼儿教师采用一种新的方法来培养幼儿的兴趣，新方法可能会使用完全不同的材料与学习经验。教师反思并设计学习流程，并考虑可能要做哪些事情、开展哪些活动、使用哪些材料等。另一方面，教师用有效性的标准反思已经提出的教学经验。其具体内容包含以下几个方面。

（一）制订学习计划

教师要根据自身实际情况来制订一个学习计划，不断进行学习，并定期进行自我检查与自我反思。在反思与发展的专业实践能力中，教师应不断学习先进的教育理念，在运用情境教学法开展教育活动时，明确情境对于教育改革实施的必要性，同时要根据自身实际情况来制订自身学习计划，不断进行学习，并定期进行自我检查与自我反思。如教师关于幼儿科学教育的反思可以表现为：一是教师是否通过电子媒体让幼儿运用听觉、视觉等感官初步了解一些常见动物如鸟类、鱼类、爬行类等动物的名称与特点。二是教师是否引导幼儿初步了解动物的多样性，不同的动物都有自身不同的特点，外貌特征、生活习性和繁衍后代的方式都不同。例如有的动物体形庞大，有的矮小；有的高，有的矮；有的凶猛，有的温顺；有的皮肤光滑，有的皮肤粗糙；有的动物食草，有的食肉等等，让幼儿初步地了解动物种类等概念。三是教师是否在上述基础上，让幼儿了解不同的动物居住的地方不同，如有的在炎热的热带区域，有的在寒冷的北极；有的在海洋里；有的在陆地上，有的在沙漠里等。四是通过初步的探索与发现，教师是否让幼儿了解动物与各自生活环境之间的关系，知道为什么有的小动物生活在森林，有的生活在海洋，探索为什么鱼儿没有腿，为什么树懒动作慢，为什么骆驼有驼峰，为什么牛有四个胃等。五是尝试让幼儿了解动物与动物、动物与植物、动物与人类之间的关系。例如，很多动物靠食用植物生存，有的植物靠动物传播种子；有的动物生活在人类的身边，有的动物喜欢远离人类。

（二）同行合作交流

幼儿教师要与园所内其他教师进行交流合作，发挥教师的集体智慧。教师可以创设专门的情境交流小组，相互学习和相互提高。如在科学课程教研活动过程中，首先，幼儿教师在主题内容的审议上需要就教师教育目标、传授的内容与其他教师交流看法；其次，在科学课程进入共享阶段时，教师表达自己关于科学课程本质的目的的观点、提出特殊的内容和教学法，分辨他们认为与创造课程相宜的信息，教师在此阶段要将有关幼儿、教师、小组所面对的挑战等写成总结纪要。由于幼儿园教师工作任务繁多，部分幼儿园关于教研组织的教学与科研梯队尚未成系统性发展，一定程度上阻碍了园所内教师进行交流合作，阻滞了课程的丰富性发展。"丰富性"是幼儿教育课程内容和经验的深度体现。如科学主题活动的内容是给幼儿提供各种机会，去思考关于科学主题的内容和对活动作出各种解释。一门丰富的科学主题活动内容必须包含数量恰到好处的生活经验。换言之，"丰富性"给课程经验带来现实的"风味"。课程的"丰富性"需要幼儿的知识探索与团体的发现。现今，教师关于课程探索与交流缺乏一定的"丰富性"，尤其是特色园本课程缺乏深度探讨与钻研。

（三）学习情境教学知识

在教育改革的大环境下，教师须自觉学习与情境教学相关的理论知识，同时将理论联系实际，在做中学以不断提高自身专业素质。如案例

3-8中，教师通过沉与浮的科学情境教学活动，极大增强了幼儿对一些科学现象研究的乐趣。

案例 3-8

沉与浮的科学教育活动 [①]

教学设计过程：

准备材料：透明的大水缸、皮球、石头、小纸片、铁盒、塑料空瓶，并将相同重量，不同大小的材料分为一组，将体积大小相同、重量不同的材料分为一组。

实施过程：在科学探索活动开始之前，为了了解幼儿对于沉与浮的概念，教师组织了一次谈话活动，教师提出 2 个问题。问题 1：石头放在水中会出现什么情况？问题 2：小纸片放在水里呢？参与此次谈话的幼儿共 20 名。随后，教师将一个皮球放入水中，让幼儿观察皮球在水中的情况，然后，教师将铁盒扔到水中，发现小铁盒沉到水下去，教师提问："为什么铁盒沉下去，而皮球却没有沉下去？"

案例评析：

通过以上沉与浮的科学活动，极大增强了幼儿对一些科学现象研究的乐趣。在这次活动的整个过程中，幼儿始终保持着浓厚的兴趣以及高度的注意力，在一些自我演示环节，幼儿的专注度与热情不断提高。

（四）进行教育活动实施前—中—后全程反思

教师不仅要在教育活动实施前对教育活动进行反思，也要在教育活动实施过程中进行反思，还要在教育活动结束后进行反思。

1. 在科学课程实施之前，教师应注重积累幼儿建立在感官基础上的直接经验，并在此基础上逐步形成科学主题活动的间接经验的相关知识

---

① 沉与浮的科学教育活动来自百度文库网 https://wenku.baidu.com/view/cc63ccb10a75f46527d3240c844769eae109a305.html。

与概念。其中，观察是培养幼儿具有科学"探究性"特征的重要方式。从观察方式上看，一方面可以借助感官进行直接观察，另一方面可以通过仪器进行间接观察；从观察时间上看观察可分为长期系统观察与短期系统观察。教师在科学主题活动的目标上，需要重视科学"探究性"的本质。它具体体现为：一是活动材料的提供。教师要注意活动材料的提供，尽可能调动幼儿多种感官，参与教师组织的活动。兴趣是幼儿探究周围事物的内驱动力。幼儿通过兴趣的驱动，调动个体的感知觉等多种能力，使幼儿的注意、思维以及想象等认知水平不断提高。二是明确的观察目的。如果在观察过程中，教师要求观察内容的目的明确，幼儿就会在观察时侧重注意教师所要求的观察点，不会走马观花，从观察事物中学到知识。相反地，幼儿就会东张西望，注意力不集中。因此，在组织幼儿观察时，教师应确定明确的目的，使幼儿有的放矢，提高观察效果。如教师可以通过提问增强幼儿观察的目的性。如"小白兔的身上长满了什么？"（白色的毛）"小白兔的眼睛是什么颜色的？"（红颜色的）"小白兔的耳朵长得什么样？"（长长的）等。通过教师提问，幼儿可以依据相关问题有目的地观察，并在观察过程中找出答案。

2. 在科学活动实施过程中，教师应在科学主题内容的设计上重视对活动材料的分析。它具体包含以下两个方面：一是培养幼儿在科学主题内容的设计上对活动材料进行归类。幼儿科学教育中的分类方法可以根据教师指导幼儿关于科学主题内容的设计时对活动材料进行分析与分类的方法，这样可以帮助幼儿学习不同的分类方法。如教师指导幼儿可以根据标准进行分类，幼儿通过此类分类活动明确分类标准。二是教师应分析活动材料中什么内容是必不可少的？内容的恰当顺序如何？教学策略是什么？最后教师通过对以上这些问题的分析，明确幼儿学习科学主题活动的内容、幼儿活动、实施方式与评估方式。在幼儿科学教育中，教师尤其要注意根据科学教育的内容与教学目标进行材料的挑选与准备，这些材料应该符合幼儿认知特点并能引起他们强烈的兴趣，只有激发幼儿兴趣，幼儿才可以通过材料充分、科学、积极地感知并回答教师提出的问题，加强幼儿参与科学教育活动的程度，以收到良好的教师传授科学教育知识的效果。

第四节　幼儿教师专业的情感与意志

一、专业情感

在幼儿教师专业发展过程中，教师应具有乐业、敬业和专业奉献的专业情感。它不仅强调教师对教师职业本质的理解，还要求加强教师的职业信念，促进自身的发展。教师如同有技艺专长的"匠人"一样，在工作都需要以执着与淡然的精神来面对利益与诱惑、浮躁与倦怠。幼儿教师专业的情感素养主要表现为以下方面。

（一）职业的敏感性

幼儿教师职业的敏感性是幼儿教师关于幼儿、教育情境和教育问题的迅速察觉、判断和反应，是幼儿教师专业自觉和专业直觉的具体体现。职业的敏感性体现出幼儿教师的教育机智。如案例 3-9 中，张老师通过平日观察，并与家长交流，了解丹丹（化名）在幼儿园、家庭生活中，与家人、其他幼儿相处过程中基本是以自我为中心，无法理解其他人或同学的感受。于是张老师借助班级主题活动、角色扮演等让丹丹了解家庭成员及班级同学的感受，让丹丹从内心认识集体成员的重要性，同时也唤起她与家庭中的父母、长辈及班级中的伙伴们的互相关爱之心。从上述案例中可以看出，张老师有着幼儿教师的职业敏感性，对幼儿在园中出现的问题能够迅速察觉并寻找相应的合理策略来引导幼儿良好地发展。

案例 3-9

难以友好相处的丹丹（化名）

丹丹是家庭独生子女，爸爸、妈妈、奶奶对她十分宠爱，丹丹从小养成了自私、霸道、爱哭等坏毛病。张老师观察到丹丹在幼儿园里很难与小朋友们友好相处。如小朋友正在洗手时，她也要抢着先洗；丹丹弄哭了小朋友，老师让她说声"对不起"，她眼睛瞪着你站在那儿就是一句话不说。后来，班级教师平日给丹丹讲述一些尊老爱幼、爱护同学的故事，还经常邀请丹丹参加班级主题活动。同时，教师组织开展角色扮演游戏"如果我是爸爸、妈妈、奶奶"，在游戏扮演过程中，张老师鼓励丹丹观察家庭成员的行为以及思考他们的行为目的。丹丹通过自己的观察、思考和与教师的探讨，逐渐明白爸爸、妈妈、奶奶与班上同伴对她的爱，性格变得不再霸道，懂得为别人考虑。

此外，教师还和丹丹父母交流，提出一些合理化建议，如分享自己的东西，生活中要注意谦让等，希望家长和教师一起共同努力帮助幼儿。丹丹的父母非常支持教师的行动，通过家园合作，丹丹以自我为中心的毛病消失了，也比以前更大方、开朗了。

案例评析：

培养幼儿社会交往能力是一个漫长的过程，需要幼儿园、家庭和社区密切配合，协调一致，共同促进幼儿社会交往能力的发展。家长与教师需要理解、尊重幼儿，帮助建立幼儿良好的安全感和培养幼儿的自信心。此外，家庭需要营造温馨和谐的家庭氛围。

（二）无条件积极关注

无条件积极关注是一种真正的平等和信任，如果幼儿处于一种无条件积极关注的氛围中，其就能感受到自我价值感，唤醒和发现自身潜能，形成良好的自我概念，获得自我成长的动力，如案例 3-10 中，朱老师对文文（化名）进行无条件积极关注，并与家长协同提出相应的策略使文文英语兴趣回升。

案例 3-10

喜欢英语的文文（化名）

文文今年 6 岁了，是一个特别活泼的女孩儿，对新鲜事物充满了好奇心，而且特别喜欢英语。在幼儿园里面，教师非常喜欢她，她很听话，每天都会用英语向教师问好。但是最近朱老师发现她变得内向了，不爱说话了，就去跟她交谈，才发现原来是文文每次回到家里用英语跟父母交流，都没有得到过好的回应，慢慢地就对说英语的兴趣淡下来了。后来，朱老师跟家长交流，希望家长可以重视文文学习英语的兴趣与爱好，可以为她提供学习英语的素材与条件，创设良好的英语学习氛围。不久之后，文文学习英语的兴趣又提升了。

案例评析：

上述案例中的文文由于家长没有给予适当的重视以及引导，从而丧失了对学习英语的兴趣。由此可见，家长在幼儿学习英语的过程中扮演着非常重要的角色，幼儿教师应与家长多多沟通关于幼儿学习英语的情况以及如何加强幼儿学习英语的兴趣，而不是抱着"幼儿送去学校了，就该教师管"的思想。

（三）同理心

同理心是指幼儿教师进入幼儿的内心世界，和幼儿在情绪状态、处境理解上产生共鸣。同理心是教师与幼儿建立良好的师幼关系的前提与基础，如案例 3-11 中李老师对幼儿航航为何沉默非常理解与关心，在平日的幼儿园生活与学习中关注航航在班级与其他幼儿的相处情况，并向家长提出如何改变航航沉默的性格的一些合理性建议，同时也增强了航航与教师的师生感情。

案例 3-11

沉默的航航（化名）

航航是一名五岁的小男孩，他在幼儿园基本都是自己一个人玩，不愿意与其他小朋友一起玩游戏。他话很少，就算哪一天没来幼儿园也不会引起其他小朋友的注意。航航的父母忙于做生意，平时与航航的交流也不多，航航平时也很少出去玩。针对上述情况，首先，李老师立即与航航的父母进行沟通，告诉航航的家长应该多抽出一些时间来陪伴幼儿，与幼儿进行交流，了解他内心的想法。其次，李老师建议家长多带幼儿去邻居家串门。在这个过程中，航航与邻居家的小孩一起玩耍，父母也可以多在家里准备一些美食或做游戏的玩具，邀请邻居的幼儿们过来一起品尝和玩耍，帮助发展航航的同伴关系。最后，李老师平时较为关注航航。如早晨来园时，李老师总是面带微笑地主动抱抱他、迎接他，亲切地向他问好，从简单的对话中引起幼儿说话的欲望。在平日的生活中，李老师有空就主动寻找话题，与他聊天交谈，如："你这件新衣服真漂亮，让你看起来更帅气了，是谁买的？"等等，这些会让航航感受到教师像朋友、像妈妈，教师很喜欢他，家长也很关心他。最后，航航的性格逐渐变得开朗了。

案例评析：

《幼儿园教育指导纲要（试行）》提出幼儿园应当为家长提供相关育儿指导经验，提供创设良好家庭环境的建议，幼儿园与家庭形成积极合作关系，共同促进幼儿健康成长。然而，航航属于被忽视型的幼儿，他性格内向，不爱说话，不善于与别人相处，或许在教师和父母的眼里，航航是"乖幼儿"的典范。但是，航航缺少同伴交往的经历，没有与其他幼儿交往的经验和技能，不愿意与其他小朋友玩耍。李老师及时了解航航的情况，以同理心理解航航的心理与行为，采取有效措施逐渐改变了航航的性格。

二、专业意志

行动是意志的外在表现。意志是人类特有的心理现象，是人主观能动性的集中表现，是在人们认识世界、改造世界的需要中产生的。意志的特征具体表现为：首先，明确的目的性。它是人类所独有的在意识支配下的行动，是人类区别于动物的根本所在。其次，意识调节行动。它不仅能够阻止、调节人的外部活动，还可以调节、组织人的内部心理状态。最后，意志行动需要与克服困难相联系。在实现目标的意志行动中，所克服的困难越大，越彰显个体的坚强意志。专业意志是幼儿教师在教学过程中自发且自信地克服困难并实现自己预定目标的过程。在此过程中，教师要经过动机冲突斗争，明确目标，选择达到目标的行动方法。幼儿教师在认识到自身知识经验不足时，应时常反思自己，运用自身专业知识判断、分析与思考各种结果、做出合理的判断。值得注意的是，由于幼儿教师职业的复杂性与特殊性，幼儿教师具备专业的意志的关键是在忙碌的工作中保持对幼儿教育职业一定的信仰。教育需要信仰，信仰必须与思维、行动接轨，它以深层次认识为出发点，无时无刻不催促教师百折不挠探索和认识他们所信仰的对象。它是幼儿教师职业的生命与热情，是个体对自身的超越，具有根本性与终极关怀性。

第五章　幼儿教师专业发展的
阻滞与突破

幼儿教育是终身学习的开端，是重要的社会公益事业。2018年《中共中央、国务院关于学前教育深化改革规范发展的若干意见》指出，幼儿教育仍是整个教育体系中的短板，幼儿教师专业发展过程中存在幼儿教师自身专业水平起点低，教师的研究意识、研究能力不强，缺乏内在的动力等内源性制约因素；外源性制约因素也呈现多样化，主要表现为政府对幼儿教育公益性这一根本属性缺乏清晰认识、幼儿园专业的育人评估制度滞后、普惠性民办园财政支持不足等。

第一节　幼儿教师专业发展的阻滞因素

一、内源性因素

所谓内源性因素，指的是教师专业发展的制约因素来自教师自身，主要包括教师经济待遇、同工不同酬、教师专业素养起点较低、教师的研究意识和研究能力不足、幼儿教师关于自身专业素质提升缺乏重视，使幼儿教师未能从专业角度反思、调控与规划自己的专业发展，激励自己实现自我专业发展的更新。

（一）教师专业素养起点较低

一是高校幼儿教育专业人才培养模式存在严重滞后性。我国幼儿师范教育起步较晚，部分高校重视的仍是以灌输传统的教育理论知识为主，对师范生的实践与创新能力重视程度不够，使很多师范生初到幼儿园出现水土不服现象。二是幼儿教师多为非师范生学历背景，文化程度较低。很多幼儿教师虽经过专业培训，但仍旧不能深刻理解幼儿教育学、心理学方面的知识，在日常教学中缺乏反思与总结。因而，多数教师在教育活动中只能照本宣科，预设的教学目标与重难点不够明确，理论的匮乏与行为的低效性说明教师的专业素养处于较低水平，缺乏专业发展基础。三是幼儿教师的流动性较大，专业性不强。据笔者调研访谈，很多幼儿教师都是转岗而来而非科班出身，同时，幼儿教师职后培养是幼儿教师师资培训中的薄弱环节，也是幼儿教育发展的阻碍因素之一。过去，经验是幼儿教育中老教师"传帮带"工作的主要依据，在某种意义上说，这的确是有利于新入职教师适应幼儿园保教工作节奏的有力措施。然而，社会的进步与幼儿的多样化发展使多数幼儿教师对经验的依赖和盲从过度滑向另一个阶段即经验主义，容易成为教师专业发展、保教工作结构模式建立的阻抗。如 H 乡幼儿园 W 老师，采用小学化的保教模式对幼儿进行教育，并将其经验传授给刚入职的教师，这样的老教师带新教师的办法严重阻滞了幼儿园本身的内在创新，教师专业素养持续发展生命力明显不足。

（二）教师的研究意识与研究能力不足

一是研究意识不强。目前，很多幼儿教师关于科研工作的认识存在不足，认为只有学者、专家才能去做研究，不善于反思自己在日常的保教活动中的一些经验，平常很少关注专业领域里的一些学术问题。从本质上说，幼儿教师研究意识非常重要，一名幼儿教师仅仅停留于单纯的教学是远远不够的，想要将教学工作做得好，需要通过研究意识去创新与实践其全新的教学理念与方式。二是研究能力不足。主要表现为教师科研方法掌握较弱，不能及时跟进自己的科学研究工作，专业发展缺少动力。作为幼儿教师，要成为专业性的、有研究能力的教师，必须具有较强烈的专业素养与胜任能力，为自身的专业发展提供不竭动力。

（三）幼儿教师对于自身专业素质提升缺乏重视

由于幼儿教师经济地位、权力地位和职业声望较低，教师对提高自身专业素质缺乏应有的重视，在教学过程中处于消极的应对状态，对社会关注的高质量发展幼儿教育的各项要求与具体做法停留于感性与表层经验的认识。具体表现为一些幼儿教师不能将零散的经验变为整体的经验，缺乏将孤立的经验构造成系统的经验，将个体的经验变成集体的经验。同时，幼儿教师未能经过努力发现经验与经验之间的关联、矛盾与冲突现象，并将其作为专业教学反思的出发点，将它们深刻理解为幼儿教育学习和研究的最终归属。另外，幼儿教师在教学的实际过程中，未能对自身职业性质与理念进行深度认知，在日常的教学活动中也没有注意选择比较典型的幼儿教育生活经验作为案例，完整地分析这些教育生活的理论基础，并对这些理论基础不断思考与反思，指出幼儿赖以生存和发挥作用的心理的条件，这也是幼儿教师为什么没有自己的专业信念、专业知识与专业反思能力的集中体现。幼儿教师作为学习者和研究者，对自身专业素质的高度关注不是一般的有意或无意注意，而是持续充满责任与迫切感，其目的是要深入解释幼儿园教学和幼儿的保育与教育状况、自身专业素质与保教之间的关系，不断地为自己的专业素养的提升提供思想资源。幼儿教师通过个人努力提高自身素质非常重要，需要在平日的保教活动中去理解与感悟幼儿教育，思考幼儿教育应以何种方式赋予幼儿多样性与创造性的个性。若幼儿教师简单将教育理解为"我讲你听、我令你行"的单一实行与复制，长此以往，幼儿就像木偶，教师如机器一般程序化、模式化地给幼儿传递知识，循环往复。久而久之，它会引起幼儿消极的效应，不利于幼儿综合素养的提高。因而，幼儿教师应重视自身素质提升，在保教工作上彰显其专业品质与个人价值，不断提高和拓展自身素养的高度与深度，实现从"专""杂"，再到"专"，不断实现其自身专业成长目标。

（四）幼儿教师经济待遇普遍处于较低水平

相关资料显示，2019 年底，我国东部的北京、山东、广东，中部的湖北、河南和西部的云南、贵州、新疆的幼儿园教师待遇的调研表明，幼儿园教师的月实发工资平均为 3043.41 元，均低于小学、中学教师的月实发工资（4384.11 元，5047.66 元）。[①] 同时，无论是东部，还是中西部地区，幼儿园教师经济待遇偏低。特别是在幼儿教师保障上，各地不少幼儿教师不能完整地享有"五险一金"，不少农村幼儿园和村集体办园教师基本没有任何社会保险，使幼儿教师职业整体吸引力不足。同时，由于编制问题，编外与编内幼儿教师在同样工作量的情况下，报酬差距也很大。从一定意义上说，幼儿教师日常的保教工作比较繁重，加上大大小小的活动，有些幼儿园甚至额外规定幼儿教师需要形式化完成各项教研任务，而教师个人发展空间比较有限，这使得教师专业的发展目标变得遥远而模糊。

（五）公办园非在编幼儿教师与在编教师同工不同酬现象突出

近年，随着我国幼儿教育事业的快速发展，公办园资源的不断扩大，公办园所需教师数量不断增多。在编制不够的情况下，许多幼儿园不得不聘用非在编教师。教育部统计，2018 年底，我国公立幼儿园教师总数为 97.2 万人，具有编制的教师为 55.6 万名，非在编教师为一半以上。[②] 非在编教师幼儿园实行的人事管理制度是"双轨制"，其待遇未被纳入财政预算。由于非在编教师待遇与在编教师待遇存在着较大差距，同工不同酬现象较为凸显。幼儿教师地位、福利待遇、薪酬水平是

① 庞丽娟，王红蕾.新形势下创新完善我国学前教师编制与人事制度的政策思考 [J].北京师范大学学报 .2023（1）：62-69.
② 庞丽娟，王红蕾.新形势下创新完善我国学前教师编制与人事制度的政策思考 [J].北京师范大学学报 .2023（1）：62-69.

幼儿教师追求美好生活的基础。当前，由于同工不同酬现象的出现，部分幼儿教师出现工作效能不高进而产生职业倦怠，由此丧失教师专业前进的动力。职业倦怠是教师队伍中常见的一种心理和行为现象。主要表现为教师对自己的专业工作缺乏兴趣、热情和变革的意愿，满足于"当一天和尚撞一天钟"。同工不同酬因素是引发幼儿教师职业倦怠的重要因素，教师在"同工不同酬"中缺乏专业发展目标与成就感、使命感，幼儿教师主体性未能受到应有的尊重。在幼儿教育教学改革事务上，幼儿教师应是幼儿教育教学过程中的主体，幼儿教师不能置于边缘化、客体化位置，尤其是"同工不同酬"中的非在编教师因地位、待遇、薪酬不如在编教师，更容易陷入专业发展的困境。

二、外源性因素

所谓外源性因素，意指幼儿教师专业发展的重要因素来源于外部的干预和调节，幼儿教师专业发展外源性制约因素主要来自政府相关教育主管部门、幼儿园两个方面，主要表现为政府对幼儿教育公益性的属性认识、财政投入与统筹规划、普惠性民办园财政支持、政府关于幼儿园运行的相关政策法规、幼儿园专业的育人评估制度、幼儿园关于幼儿教师的职后培养环节等方面的不足对幼儿教师专业发展带来一定的约束与阻碍。

（一）政府对幼儿教育公益性这一根本属性缺乏清晰认识

长期以来，由于地方各级政府在幼儿教师待遇方面缺乏责、权、利的清晰规定，导致不同层级政府在幼儿教师待遇保障中存在着责任不清、主体重心较低等问题，使政府与相关部门对幼儿教育公益性这一根本属性缺乏清晰到位的认识，使幼儿教师主体责任认识不清，导致不同编制性质的教师待遇保障以及相关的权责内容等方面缺乏明确的政策引导与制度规定，使得教师待遇保障不充足、不稳定问题较为突出。幼儿园类型中民办幼儿园虽然有营利性的目标，但是它与幼儿教育公益性的关系并非矛盾。民办幼儿园的公益性是幼儿园受教育者和社会所产生的影响，营利性则是幼儿园办学形成的盈余处理的一种制度安排，两者之间不属于同一范畴。营利性幼儿园在政策上具有合法性，同时也在社会层面存在一定的必要性。这是以幼儿教育公益普惠为前提，也是民办营利性幼儿园的基本价值定位。

（二）政府在幼儿教育财政投入与统筹规划上长期不足

一方面，政府在基础性教育投入上虽然逐年增长，但仍然不足。我国幼儿教育财政经费比例仅长期徘徊在 1.2% ～ 1.3%。《国家中长期教育改革和发展规划纲要（2010—2020 年）》实施后，我国幼儿教育财政投入增长较快，2018 年幼儿教育财政性经费占教育财政经费的比例提高到 4.79%。然而，短期的投入增长难以满足幼儿教育事业快速发展的需要。2017 年，只有 14 个省（区、市）的幼儿教育财政投入占比达到 5% 以上。有限的财政投入使幼儿园在软件与硬件投入的比例上存在不合理的问题。现今幼儿园投入普遍重硬件轻软件，财政经费主要投向园内扩建操场、早教教室、艺术、科学多媒体教室等，而对教师的培训、工资与社保等方面的投入较少。另一方面，政府在幼儿教师队伍的统筹建设上进展缓慢。目前，幼儿教师培养仍然是以地区职业高中为主，幼儿教师急需的博士生培养进度比较缓慢。政府在调研的基础上，加强各种办学规模与层次，对幼儿教师的法律身份进行加强与政策扶持，使幼儿教师与小学教师享有同等社会与经济上的待遇，落实教师专业发展中的职称与培训政策，稳定师范生的生源质量和专业水平。

（三）普惠性民办园财政支持不足

近年，随着我国大力发展普惠性幼儿教育资源，各地陆续实施普惠性民办园扶持政策。但是，各省的生均补助标准普遍较低，有 13 个省在 500 元 / 生 / 年及以下，即便是在东部发达的浙江（500 元）、广东（300 元）和江苏（300 元）生均补助标准也不高；一些中西部省份的生均补助标准更低，如广西、河南仅 200 元 / 生 / 年，宁夏、内蒙古分别为 160、120 元 / 生 / 年。[①] 同时，民办园在转为普惠园后，政府支持力度不够，教师保障与待遇面临很多现实问题。幼儿园的建立与发展受文化、经济、地方政策影响较大。幼儿教育属于非义务教育，幼儿教育中幼儿园由公办与民办两种类型幼儿园构成。其中，民办幼儿园主要有两种，一种是小规模幼儿园，它在农村占有相当大的比例，也就是说，未来农村幼儿园主要还是因为生源有限大多为小规模幼儿园；另一种是民办幼儿园。民办幼儿园生存空间有限，尤其是政府对民办幼儿园与公办幼儿园的投入比例不一样，民办幼儿园需要降低成本来维持办学。如果出现办学质量过低，其招生、师资、评估方面就会面临困难，最终影响幼儿园的生存与发展。

（四）政府关于幼儿园运行相关政策法规滞后的矛盾

人力、资本、技术、信息等是幼儿园管理中的关键要素。一是政府鼓励人才流动，但对人才流动所涉及的许多问题缺乏相关管理规定，如教师在流动中的职称待遇与保险的转移问题等。二是幼儿园的收费问题，政府强调幼儿园走市场之路，在收费问题上理应由市场调节，但各地又出台了限制民办幼儿园收费项目的规定。如媒体对幼儿园自由收费的报道很多，因此对于民营幼儿园亟待出台符合市场规律的政策法规来保证其地位和利益。

---

① 付卫东，沙苏慧 . 县（区）域公办幼儿教师工资待遇不平衡不充分：难题及破解——基于我国 6 省（区）16 个县（区）160 余所幼儿园的调查 [J]. 黄冈师范学院学报 .2020（4）：59–67.

（五）幼儿园专业的育人评估制度缺乏科学性

在幼儿教师专业发展中，良好的专业育人评估制度对教师的专业成长至关重要。现今，大多数幼儿园专业的育人评估制度缺乏科学性，教师往往成为"被管理和被使用"的对象，不能根据自身的特点进行专业追求与提升，管理者对其缺乏人文关怀。另外，受"科学量化"教学评价的影响，幼儿教师的工作通常用数字来衡量，以数量为中心的评价标准加大了幼儿园教师的心理压力和工作压力，使他们疲于应付，久而久之，职业倦怠感增强。在教师的培训中，培训者没有把教师当作有经验、有能力、有需求、会学习的发展主体，没有从教师存在的实际困难去理解教师，同时幼儿园也未形成良好的激励机制，没有组织常规的教师专业的学习与研讨制度，导致教师缺乏有效的引导，因而也就不能从真正意义上帮助教师，促进教师的专业发展。

幼儿园专业的育人评估制度包括三个方面：一是幼儿的质量评估；二是教师育人工作的质量评估；三是幼儿园管理质量的评估。专业的育人评估制度指标包括幼儿的学习状况、教师的教育、幼儿园各项工作质量评估实施的控制。它表现为以下几个方面（见图4-1），通过图示，专业的育人评估制度可以分为具体的次一层级的小的项目，如幼儿方面的认知水平、知识基础等。通过专业的育人评估制度，管理者与教师可以通过评估制度中的考核对各项评估指标进行评比和研判，探讨专业的育人评估制度中哪些一级指标还需要重新制定，进一步保障幼儿教师专业发展。现今，幼儿园对教师专业发展没有详尽的专业育人评估与考核制度，使教师在专业发展中停滞不前，不能很好地在班级引导幼儿，同时，还会使教师的管理班级工作进展困难，职业倦怠感严重。因此，幼儿园要对育人评估制度的设计应做相关的探讨：一是什么样的制度能够促使好的教师留下、不合格的教师进行流动？二是幼儿园关于育人制度的相关文件是否体现教师专业发展的实事求是的精神。三是教师的待遇怎么解决。四是如何为教师、干部创造良好的工作、生活条件。如办公、住房、工资、小孩上学等。五是建立好以教师发展为中心和以服务幼儿园教师为目的的行政机关。

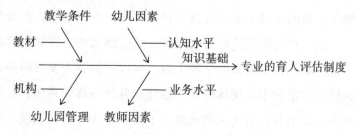

图 4-1　专业的育人评估制度指标

幼儿教育要围绕高质量教育体系，以专业育人评估制度为支点，统筹推进办园模式、管理体制的改革。幼儿园要组织园外专家力量，主动开展幼儿园育人评估制度研究，做好幼儿园育人评估制度的经验与案例分享，培养优秀教师专业成长平台，深入调研评价体系中的育人方式、教师教学成果、科研成果奖与管理体制的内在联系，提出相关建议，为幼儿教育高质量发展建言献策。

（六）幼儿园对于幼儿教师的职后培养环节重视程度不高

幼儿教师是幼儿教育过程最基本的要素，是影响幼儿发展最直接的中介和变量，可谓是教育质量的"阿基米德支点"。幼儿教师是反映幼儿教育的理念、目标、内容、过程、方式和条件的践行者。然而，当今有些幼儿教师的职业理念好似铁板，缺乏一定的专业性，与幼儿个性发展、自由和全面发展的逻辑要求背道而驰。现阶段，由于幼儿园幼儿教师的责任主体意识不强，一定程度上导致对幼儿教师职后培养环节重视度不够。笔者调研，现今多数幼儿教师是从义务教育范围内转岗或从其他行业转行进入幼儿园的，这在一定程度上导致了幼儿教师缺乏专业职业技能与综合素质的储备，幼儿教师在新的工作环境职业适应不良、教育能力不足与职业信念缺失等问题。幼儿学习方式与小学生有很大的不同，教师在教育幼儿的过程中应根据幼儿的身心发展特点开展教育教学活动。游戏是幼儿最主要的学习活动形式，是幼儿反映现实生活的一种特殊方式。通过游戏活动，幼儿对身边的事物有了更广泛的兴趣与关注，便能在游戏的基础上建立与这个世界更进一步的联系，游戏为幼儿了解社会、融入社会提供了可行的操作方式。游戏的主题和内容源于社会生活。它是幼儿认识世界的一种手段，是促进其智力发展的强有力的工具。如幼儿在搭积木、用冰棒和木棍建构各种各样的物体，获得初步的物理经验。如幼儿只有把大积木放在下面，小积木放在上面，"楼房"才搭得稳，沙土只有在加水变得潮湿时才能做成"馒头"等。因此，优质教师资源是幼儿园良好发展的重要支撑，如果缺乏优质师资资源，幼儿园所谓的高质量、均衡发展都将是"空中楼阁"与"海市蜃楼"。

第二节　幼儿教师专业发展的突破路径

一、国家应发挥主体责任，凸显教师专业发展责任主体意识

2018 年，《学前教育法》在幼儿教师专业性发展上作出了相关规定。其中，《学前教育法》第五章第 41 条明确规定幼儿教师的资质。第 42 条提出幼儿园教师职务在评聘中由教育行政部门会同有关部门组织专门评聘，幼儿教师分为初级、中极、副高级和正高级职务，其评聘标准应当匹配幼儿教育的要求。从立法中可以看出，《学前教育法》已经从法律角度明确幼儿教师的法律身份与地位，并对其提供相应的保障和待遇。幼儿园教师同中小学教师一样承担着基础教育的国家公共职能，因而是基础教育教师的重要组成部分，享有与中小学教师同等的法律身份，并拥有和中小学教师同等的社会、经济与职业地位。政府在幼儿教师队伍建设特别是教师待遇保障中发挥主体责任，不仅应进行投入保障

公办园在编教师待遇，还应健全完善保障公办园非在编教师、普惠性民办园教师应有待遇的政策制度，着力提高各类性质幼儿园教师的薪资、社保等待遇。

二、政府应积极探索教师人事管理制度，保障教师专业职业发展进路

人事管理就是通过选拔优秀人才、创新管理机制等方式，协调人与人、人与事、人与组织之间的关系，营造良好的人际氛围，激励全体教职工参与幼儿园的管理，尽可能最大限度发挥其职业能力，不断提升幼儿教师专业素质的发展质量。我国现行幼儿教师编制标准是由劳动人事部和国家教委联合颁发的《全日制、寄宿制幼儿园编制标准（试行）》（1987年）制定的，现今幼儿教师编制严重短缺，教师队伍建设和待遇保障受到严重威胁。幼儿教育事业需要高质量发展，国家应重视改革并完善幼儿教职工编制标准，各省、市级政府应根据各地事业发展制定相应的实施办法，并统筹调剂区域内中小学富余编制优先用于扩充幼儿教师。在幼儿教师人事管理制度方面，各地应积极探索建立"同岗同质同待遇"的人事管理和待遇保障制度，以岗位职责和能力业绩定待遇，包括教师的薪酬、社保、职称等。

三、幼儿园应重视多元化竞聘机制，促进教师合理有序流动

在教师的选拔中，需要重视教师的主观能动性和专业理论素养。虽然我国幼儿教师学历水平总体上比较低，但教师的个人主观能动性是教师专业发展的决定性因素。因此，在选拔人才的过程中，幼儿园应高瞻远瞩，重在挑选学习能力较强、个性发展较突出，能够与同事建立和谐良好合作关系的教师。然而，在现实的人事管理中，幼儿园在教师选择上经常存在一些问题：一是选人标准不全面。幼儿园在招聘教师过程中，往往过分强调教师技能技巧，对学习能力、个性特点以及专业发展

的潜力等方面考察关注不够。这种选择标准的偏差性会直接影响对教师的聘用和使用，也会影响教师队伍的可持续发展。二是选人方法过于简单，缺乏科学性。如有些幼儿园只设置面试，凭借面试的单一分数将一些不合适在幼儿园工作的人选进来。三是录用人选的绝对性。幼儿园管理者在录用教师的时候，不仅使教师的选拔陷入误区，而且在教师的使用上也陷入误区。如强调高学历，学历固然重要，但当前幼儿教师高学历的人数不多，管理者应重点考虑受聘者的道德以及与职业信念相关的素质考评。

幼儿教师的录用和选拔具有一定的科学性。幼儿园的性质决定了对幼儿园教师的要求具有一定的特殊性，社会提供给它的总量只是一个限制，这就决定了幼儿园只有重视多元化竞聘机制，才能促进教师合理有序流动。因此，幼儿园管理者在选聘教师时要注意运用多元化竞聘机制，具体表现为：第一，重视考察应聘者的个性特征和专业理论素养。即以先进的幼儿教育观、幼儿教师观为指导，关注教师的学习能力、个性特点、人格因素以及教育能力、幼教专业的能力等内在的因素，注重教师的可持续发展。第二，采用全面而先进的考查手段。为了全面考查人才，采用技术手段与非技术手段、定性与定量、口试与笔试、面试与试教和试用相结合的方法，对应聘者进行全面、细致的考查。第三，选人与培养人并重。选人固然重要，但立足于幼儿园岗位的现实需要培养适用性教师同样重要。任何一所幼儿园要办出特色，必须有一支高素质的教师队伍。

四、幼儿园应完善教师职后培训制度，拓展教师专业发展途径

幼儿园管理者在管理幼儿园的过程中应加强对教师培养的内容、方法和途径的研究，逐步形成本园对教师职后培训的制度。管理者对幼儿教师培养制度分为外部和内部培训制度。外部培训制度是指外部机构的主题研讨会与现场观摩等，内部培训制度是指案例分析培训、教育科研

培训、在岗培训、工作主题培训制度等。幼儿园管理者应尽量创造条件，支持和鼓励幼儿教师选择不同的培训制度以加强自我学习。一般来说，比较有效的幼儿园教师培训制度主要有以下内容。

（一）全方位培养制度

全方位培养制度是对教师进行职业道德、专业能力素质全面培养的制度。在对教师进行培养的过程中，管理者最容易犯的错误是只重视对教师的教学技巧、业务能力的培养，忽视对教师人格素养、团队精神、品德行为的培养。其中教师人格培养是首要的，如果教师在人格上没有较好的修养，幼儿园组织管理从量化到质性的飞跃也无从实现。所以，管理者要保证培养内容的全面性和完整性，将教师职业道德素养贯穿于培训工作的始末。

（二）全员式培养制度

全员式培养是针对幼儿园每个教师的实际情况，量身定制相应的培养计划，是一种融公平性、针对性和发展性为一体的培养制度。这种制度具体可由幼儿园根据每个幼儿教师的自我规划，与教师双方制订一份教师培养方案。幼儿教师能够通过方案找到自己的发展目标和工作定位，按照自己的发展进度提高自己的工作水平，在培养方案的指导与监督下，每个幼儿教师都能在原有的水平上得到发展。

（三）优质资源共享计划

幼儿教师优质资源共享计划应是幼儿园培训教师的一项基本工作。它是在一定政策的引导下，实现合理配置优质教师资源，有效推进教师职后培养的一种制度。制定科学合理的幼儿教师优质资源共享计划事关重大。在制订幼儿教师优质资源共享计划时，要充分注意几个重要问题：第一，充分理解与领悟国家的教育政策与方针，结合幼儿园所处的社会环境、幼儿园自身实际情况及幼儿教师等方面制订计划。此计划须有前瞻性和挑战性，也要有一定的可行性，能够为鼓舞和激励幼儿园以及教师提供发展蓝图。第二，优质幼儿园与薄弱幼儿园进行合作，在实行优质资源共享计划的过程中，薄弱幼儿园应将本机构骨干教师推荐到优质幼儿园进行观摩与学习，双方可以就教师专业发展制订长期的学习计划。计划可以具体到幼儿教师每周要完成的学习任务，其中包含保育、教育理念与专业知识的学习、优质课程资源的管理与授课经验。第三，户外活动的组织与开展、班级环境的创设、主题活动与区角活动的设计和延伸。第四，国家科研课题的申请与执行等方面，使不同层次幼儿园进行充分互动与交流，共同支持当地幼儿教育事业的发展。

（四）建立幼儿园与地方师范院校的联合体

建立幼儿园与地方师范院校的联合体，共同促进幼儿园教师的专业发展。目前，大多数幼儿园教师与地方师范院校几乎很少举办学术交流。地方师范院校只负责培养幼儿园教师，即只能担负职前教育的重任，至于毕业生走上工作岗位后的工作状况，学校不是很了解。这种职前教育与职后培训脱节的状况对幼儿园教师的专业发展极为不利。

五、开发教师育人目标绩效考核分析方法，增强教师专业发展动力

市场经济下，公立幼儿园和民办幼儿园进入了同一赛场，需要教师不断提高自身专业综合素养来提升幼儿园教学质量、创造品牌特色等。在市场竞争的体制下，幼儿园应建立科学的育人目标绩效考核制度，运用多元化的分析方法来对教师育人目标进行绩效考核，进一步提高保育与教育的质量。

（一）静态分析与和动态分析

静态分析是指通过一定的措施，检查幼儿成长质量和教师育人工作的质量，并直接就该次检查结果的情况进行单独分析，得出其种优劣的结论性判断。静态分析是质量分析中的一项必要工作。但是，这种分析有一定的局限性，难以完全反映检查结果情况的全部真实含义。为此，要进行动态性分析，即不就事论事地分析某次检查结果的情况，而是把该次检查结果情况同检查对象的过去情况进行比较，同其他同类检查对象的质量状况进行比较，在纵向和横向比较中进行分析，得出孰优孰劣的结论性判断。如幼儿园幼儿体质状况测定的横向比较分析，教学活动的几次检查结果的纵向比较分析，均属动态性一类。这种分析可以得出检查对象的质量状况在同类对象中的地位，以及该对象自身发展状况变化趋势的结论性判断，是静态分析不可能完成的。因此，在教师育人目标绩效考核制度中，两种分析要结合使用。

（二）数量统计分析和特征性分析

质量检查的结果情况，有不少是可以用数量表示的。如幼儿园各班幼儿入园情况、主题活动的开展情况、区角活动的开展情况等等。这就是说，要通过检查获取表示质量状况的原始数据，然后进行数量统计分析，从而得出关于质量状态和数量程度的结论性判断。数量统计分析可以同静态分析相结合，也可以同动态分析相结合。在管理工作上，幼儿教师还可由此而制作各种图表，比如有以班为单位的主题活动登记表，幼儿在主题活动中认知水平的参与度与质量表、幼儿健康检查统计表等。除数量统计分析外，还有特征性分析，即按质量表现的特征进行分析，从而可以得出结论。就幼儿而言，要反映德智体诸方面的质量，可以列出各自的若干特征及其结构。

（三）管理质量分析和育人质量分析

管理质量分析主要是基于管理者关于幼儿园教育管理质量分析、幼儿德育质量、认知水平、身体素质发展的综合分析，主班教师和班级组织教学管理质量分析。幼儿园教育管理质量分析要建立在教师个人和班级组织教学管理质量的基础上进行全面分析，才能符合实际，构成幼儿园教师育人目标绩效考核质量分析系列，也就是分层、分级别进行目标绩效评估与考核。园长和教务处抓幼儿质量是为了掌握全面情况，研究共同性、倾向性的问题。幼儿教师育人质量分析，主要是就幼儿教师的保育和教育情况进行研究，得出经验，总结教训。幼儿的教育质量分析，内容为管理者与教师在教师育人目标绩效考核制度的分析与决策上提供对应支撑材料。

第六章　幼儿教师专业发展之人才培养模式问题研究

幼儿教师人才培养模式是高校人才培养的蓝图和开展教育教学活动的基本依据，集中体现了高校的办学思想和育人理念。人才培养模式主要包括专业培养目标、培养规格、专业必修课程的设置、实践课程的设置指标。幼儿教育专业人才培养模式是幼儿教师专业发展中职前培养的重要组成部分，是幼儿教师学习幼儿教育专业的重要途径，是推进高校培养幼儿教育人才改革、提高幼儿教育专业人才培养质量的直接动力与有效保障。幼儿教育本科专业的培养目标是社会对幼儿教育专业人才培养规格要求在各维度上的综合体现。大多数高校幼儿教育本科专业的培养目标定位具有如下共同点。

第一节　幼儿教师专业发展需求分析

2022 年全国教育事业发展统计公报显示，全国共有幼儿园 28.92 万所，比上年减少 5610 所，下降 1.09%。其中，普惠性幼儿园 24.57 万所，比上年增加 1033 万所，增长 0.42%，占全国幼儿园的 84.96%。学前教育在园幼儿 4627.55 万人，比上年减少 177.66 万人，下降 3.70%。其中，普惠性幼儿园在园幼儿 4144.05 万人，比上年减少 74.16 万人，下降 1.76%，占全国在园幼儿的 89.55%，比上年提高 1.77 个百分点。学前教育毛入园率 89.7%，比上年提高 1.6 个百分点。学前教育专任教师 324.42 万人，专任教师中专科以上学历比例 90.3%。① 近几年来，我

---

① 2022 年全国教育事业发展统计公报——中华人民共和国教育部政府门户网站（moe.gov.cn）。

国已将学前教育持续作为补教育事业发展短板的重点，教师教育工作重新回到教育事业发展的关键位置，"高素质善保教"成为学前教师专业发展的目标。

一、专业人才需求量分析

有专业的幼儿教师，才有好的学前教育。依据现状，发展学前教育的关键在于保证学龄前儿童接受规范、优质的学前教育。因此，师资队伍专业发展题是一个亟待解决的重点问题。从我国目前在园幼儿4805.21万人，专任教师319.10万人，按照1：7～1：9的师幼比测算，目前仍然存在168万的幼儿专业教师缺口。

就湖北省的情况而言，2021年全省幼儿园总数为9256人，在园幼儿178万人，保教人员总数15.4万人，其中专任教师总数10.3万人，教职工与幼儿比的配备比例约为12：1，教师缺口为5万左右；由于部分偏远农村、贫困地区3～6岁幼儿三年学前教育还未普及，根据全省3～6岁幼儿总人数测算，幼儿教师缺口为10万人。据学前教育资源需求调查分析：2018—2019年与上一学年比较，新增学位需求预测为8211个，2019—2020年与上一学年比较，新增学位需求预测为11662个，2020—2021年与上一学年比较，新增学位需求预测为8295个。为适应市场需求的多元化，学前教育机构如雨后春笋不断增多，势必加大学前教育专业毕业生的就业需求，该专业在未来的发展前景将十分广阔。

二、多元化专业能力要求分析

由于工作对象的特殊性，教育活动具有高度的创造性、复杂性，岗位能力的要求表现出多元化的特征。一名合格的幼儿教师不仅要热爱幼儿，具有良好的职业道德、科学的儿童观，还要具备认知能力、组织教育活动能力、职业技能、反思创新能力等多方面的能力。其中组织教育活动能力是其专业能力的核心，包括观察与评价能力、教育活动设计与实施能力、游戏指导能力等。职业技能是其从业的基本要求，具体包括绘画、讲故事、创编儿歌和舞蹈、手工制作等方面的操作能力。反思创新能力是教师专业成长的源泉和不竭动力。这就对幼儿教师专业素质提出了更高的要求。

从幼儿园教师专业素养调研发现，教师的文化素养、专业技能方面还需要进一步提高。一是在文化素养方面，表现出写作能力不高，写的教案、观察日志等语句不通顺，条理不清晰，错别字较多。二是在专业技能方面，表现出唱歌易跑调，不能很快地正确视唱儿童歌曲；键盘弹唱能力较差，出现会弹不会唱或会唱不会弹的现象，且不能灵活掌握C 大调、F 大调、G 大调的变奏技巧；组织音乐活动时不能兼顾小朋友，往往在弹琴时顾不上孩子，照顾孩子又顾不上弹琴，导致活动不能有序进行；掌握的民族舞蹈种类太少等，尤其是在美术技能方面不能广泛搜集生活中的材料，创造性运用废旧材料的能力较弱；快速的简笔画能力较弱，虽能"照猫画虎"式地进行绘画，但在勾画技能方面还有待提高。与此同时，部分学前教师空有一身"武艺"，却无法施展，不能将自身所学专业技能转换为教学能力。

2018 年，中共中央、国务院明确提出对"非幼儿教育专业教师进行全员补偿培训"。这是我国全面深化新时代教师队伍建设的一项重要举措。2020 年国家教育统计数据显示，截至 2020 年，幼儿园教职工总人数为 519.82 万人，专任教师 291.34 万人，其中专任教师专科学历人数最多，为 170.55 万人，本科毕业人数为 76.48 万人。由于幼儿教育属于非义务教育阶段，幼儿教师专业背景复杂，大多数教师因转岗、进修或者招聘入园，很多教师都是非学前教育专业毕业的。非学前教育专业教师专业教学理念、教学能力、职业品质等专业化能力不足，无法满足高质量发展的学前教育专业教师的要求。

第二节　幼儿教师专业发展培养目标与培养规格

一、培养目标

第一，培养目标的定位呈多元化发展。从目标的表述上，大多数高校均致力于"高素质的优秀幼儿园教师"的培养，但在具体表述上各有侧重，如培养"教育工作者""应用型幼儿教育教师""本科层次从事幼儿教育、科研、康复高级专门人才教师""高级应用型人才""复合型人才"等。第二，培养目标在素质要求上追求全面。大多数高校培养目标从"专业理论素养""专业教育教学能力""教育科研能力"到"教育管理能力""专业水平"等方面，均有较高要求。

二、培养规格

（一）专业理念与师德

幼儿教师专业的理念与师德是幼儿教师素质的核心构成要素与专业发展的基石，直接关系着幼儿教育的效能和教师的教育生活品质，能帮助教师协调好教育教学中的各种关系。幼儿教师的专业理念与师德主要表现在教师热爱幼儿教育事业，具有良好的职业道德修养，具备幼儿保健知识与能力及对幼儿实施保育和教育的技能。教育中，教师应与幼儿之间对话、互动来体现专业的理念与师德，了解幼儿的需求，研究幼儿的问题，理解幼儿的喜怒哀乐，以一种尊重幼儿、适合幼儿的方式对待他们。如教师一个不经意的微笑、一个饱含深情的眼神能最直接、最有效地对幼儿产生触动、推动和唤醒作用。

（二）专业知识

在专业知识方面，幼儿教师需要具有广博的通识教育知识，编制教育方案和实施方案的初步能力。作为幼儿教师，师范生应具有深厚、广博的学识，是教师个人影响力的能源。知识渊博的教师对自己所教授的教学内容有着深入透彻的理解，并能掌握学科前沿发展知识并将其融合到课堂中去，丰富教学内容。因而，单一的授课形式已不能满足现代社会学生学习的需要，在专业知识的教学形式上，高校可以根据学生个性化需求，采取开设类似教学工作坊的多元化的教学模式。

工作坊概念源于 20 世纪 60 年代美国的劳伦斯·哈普林（Lawence Harplin），是各种不同立场、族群的人们思考、探讨、相互交流的一种方式，也是鼓励学生参与、创新，以及找出解决对策的模式。在教育领域，工作坊模式注重学习者的讨论、交流与反思，能够较好弥补课堂教学缺陷。在学习专业知识方面，学生与教师在教学工作坊的模式容易发挥二者之间的交互作用，为学生设计主动认知的活动、提供更多的参与机会。如现象解释、原因假设、数据归纳、观点论辩、类比推理等等，这些既是课堂教学的重点，也是学生学习专业知识的关键之处。此外，教师掌握扎实的心理学知识，根据幼儿的心理特点与需求进行管理，才能有效提高幼儿教师工作水平，使幼儿教师工作更具有科学性、时代性与实践性。

（三）专业能力

在专业能力方面，幼儿教师应具有教育教学能力、教育管理能力、信息技术教学能力等。一个合格的幼儿教师，其教育教学能力应包括教学设计、教学实施的基本技能与能力，还应具备教学自我反思能力、学业评价能力。这些技能和能力是制定教师教学评价指标的依据。幼儿教师的教学能力培养主要贯穿于幼儿教师的教学研究中。

研究是运用科学方法探求事物本质及其运动规律的活动，是有目的、有计划、系统性、专业的探究活动。当今是信息飞速发展的时代，幼儿教师专业能力也包括教师信息素养能力。它具体包括日常获取及使用信息能力、信息组织与表达能力、信息加工处理能力、信息结果分析与报告能力。这些信息能力能够体现在教师使用工具软件与网络多种信息服务所进行的各项创造性班级管理活动中。值得注意的是，教师关于观察、分析和评估各类特殊幼儿的能力这一项，目前很多幼儿园处于空白（表5-1）。特殊幼儿具有与普通幼儿相同的身心特点和发展规律，但他们在智力、体力与社会适应能力方面与普通幼儿相比存在一定程度的差距。因此，在对特殊幼儿进行观察、分析与评估时，教师需要具备专业的能力，如特殊幼儿感统训练。

案例：5-1

基本情况：

姓名：晶晶（化名）。

实际年龄：5岁6个月。

发展年龄：2岁1个月。

开始训练日期：2018年8月6日。

训练第一天：晶晶由奶奶和妈妈带来上课，到了教室门口，晶晶趴在地上，两个家长无论怎么拉都拉不动，甚至因为拉她，她就会咬他人的手。于是，妈妈松开她的手走进感统室，不断向她呼唤："晶晶，晶晶，你也进来呀！"妈妈重复了几遍，晶晶爬起来，吸吮着小手走向妈妈。虽然走进教室，但晶晶不参与教师为她设计的游戏。于是，教师询问晶晶是否喜欢玩别的玩具或物品，这时她还是继续吸吮着小手。过了几分钟，教师把积木和盘向前移动几步，重复几下，只见晶晶往前移了几步，下课铃响了。经过半小时的折腾，妈妈已经筋疲力尽，叹着气，摇着头，抱着晶晶换尿不湿。

评估分析：晶晶感觉信息调整无能，语言理解能力差，参与能力、模仿能力、手眼协调能力与行为都有严重的协调问题且咬手、咬衣服。

训练过程：第一个两周计划。

训练目标：首先，晶晶能自己走进教室；其次，能参与简单的项目，如搬运小球、爬阳光隧道、走平衡木等。

训练指导：首先，由妈妈引导进入教室到晶晶可以独自进入教室；其次，用食物强化有进步的好行为；最后，寻找她特别喜欢的项目，以强化训练作用。

训练结果：训练第二周能进入教室，参与一些项目，并能扶着走触觉平衡木。其他项目不能完成。

案例评析：

晶晶以上触觉刺激信息方面的训练，是以缓解内心焦虑为主要目的，增强幼儿自我调节机能。在教育的过程中，教师与家长尽量不要强迫晶晶，教师与家长应有耐心，细心帮她主动适应陌生环境，游戏时注重对她进行环境变化刺激以及语言强调，有助于晶晶对信息作出选择和处理。

表 5-1　专业培养规格的比较

序号	培养规格	学校 A	学校 B	学校 C	学校 D	学校 E
01	系统掌握幼儿教育基础理论知识。	√	√	√	√	√
02	掌握对幼儿进行保育和教育和评估幼儿的基本技能。	√	√	√	√	√
03	良好的职业道德。	√	√	√	√	√
04	音乐、美术、舞蹈等艺术素养。	√	√	√	√	√
05	幼儿营养保健方面的知识。	√	√	√	√	√
06	掌握编制和实施教育方案的能力。	√	√	√	√	√

续表

序号	培养规格	学校A	学校B	学校C	学校D	学校E
07	了解国家对于幼儿教育的方针、政策和法规。	√	√	◆	◆	√
08	关于观察、分析和评估各类特殊幼儿的能力。	◆	◆	√	◆	◆
09	教育研究能力。	√	√	√	√	√
10	信息技术与应用能力。	√	√	√	√	√
11	良好的心理素质。	√	√	√	√	√
12	英语应用能力。	√	√	√	√	√
13	自我发展能力。	√	√	√	√	√

注：表中"√"表示该校培养规格涉及此项指标，"◆"表示该校培养规格没有涉及此项指标。

第三节　专业必修课程与实践课程设置

一、幼儿教育专业必修课程设置

大多数高校在专业必修课程的组成部分基本一致（具体可见表5-2）。幼儿教育专业必修课程主要包括幼儿教育类课程、学科类课程、艺术与技能类课程。在幼儿教育类课程设置中，幼儿教育学、教育科研方法、课程与教学论课程、普通心理学、教育心理学、幼儿发展心理学等六门课程是大多数高校开设的课程。

在学科类课程设置中，幼儿语言教育、科学教育、健康教育、社会教育、艺术教育、幼儿园管理、家园沟通与合作、幼儿教育法规政策等课程是大多数高校开设的专业学科必修课程。在艺术与技能类课程设置中，音乐基础、美术基础、舞蹈基础等艺术素养课程被绝大多数学校列为必修课程，反映了对幼儿教师专业技能和艺术素养的重视。

表 5-2 专业培养课程计划表

课程门类与名称		学校 A	学校 B	学校 C	学校 D
教育类	课程门数	9 门	12 门	9 门	18 门
	学分 / 比例（%）	29/44.6	31/37.8	26/43.3	46/65.7
学科类	课程门数	9 门	8 门	11 门	5 门
	学分 / 比例（%）	27/41.5	27/32.9	34/56.7	13/18.6
艺术与技能类	课程门数	5 门	12 门	—	8 门
	学分 / 比例（%）	9/13.8	24/29.3	—	11/15.7
合计学分		65	82	60	70

二、幼儿教育专业实践课程设置

在实践课程设置上（具体可见表 5-3），多数高校将教育见习、实习、毕业论文设置为实践必修课程，其中暑期社会实践是大多数学校开设的实践选修课程。教育见习是指师范生在幼儿园进行观摩、体会的实践教学活动，教育实习是指师范生在实习幼儿园的指导教师帮助下进行课堂教学相关的活动，包括完成教学设计、说课与上课。见习与实习的区别在于，后者需要学生在此过程中从事直接的教学活动，见习则是通过观摩课堂、听课、有针对性的课堂记录以及教学案例分析和撰写等形式来进行。

表 5-3 实践课程设置的比较

课程门类与名称		学校 A	学校 B	学校 C	学校 D	学校 E
必修课程	课程门数	4	4	4	2	6
	学分与周数	25/25	28/28	19/18	13/24	37/30
选修课程	课程门数	3	3	4	1	2
	学分与周数	8/11	7/7	19/19	4/8	10/10
合计（学分与周数）		33/36	35/35	38/37	17/32	47/30

第四节　幼儿教育专业培养模式

一、幼儿教育专业培养模式的基本特点

（一）培养目标

从专业培养目标上看，除了具备其他学校都致力于的高素质的优秀幼儿园教师、高级专门人才教师的培养等外，幼儿教育师范高校在学生具备充实的学科专业理论素养背景下，更加侧重于在幼儿保育及教育技能方面发展的高层次应用型人才的培养。

（二）课程设置体系

首先，高校在通识教育课程设置体系上没有较大差异，主要是政治教育、大学英语、体育和教育技术这四大模块，学分和学时的分配比例不是特别大。其次，专业必修课程体系比较全面，主要涉及幼儿教育、心理类、教师技能类（简笔画、舞蹈、声乐类等艺术素养）、学科类（幼儿园管理、幼儿家庭教育、幼儿健康教育、幼儿科学教育等），各校专业必修课程设置体系在教育学类课程中设置比较集中，但是在其他课程设置上还存在着一定的差异性。再次，专业选修课程相对比较集中，主要是对专业必修课起到一种很好的补充作用。最后，实践课程相对集中在一些传统项目上，如教育实习、教育观摩、毕业论文均是地方高校所共同的实践课程，但在学生动手操作实践素质拓展上，只有少数学校重视。

（三）评价方式

近年来，多数高校的幼儿教师职前培养评价方式发生了重大转变。

如实践技能的评价由学生的课题实践教学表现与现场实践教学以及综合应用实践教学表现组成。其中现场实践教学是学生每学期被分配在各幼教机构进行实践、观察、调查与反思的经历，其目的在是学生与幼儿、家长、同事、社区机构的互动中获得知识、技能与培养专业态度。在综合应用实践教学环节中，除了有教育实习、见习、毕业论文的撰写外，还有关于本专业的专业文艺会演演出，这样既能帮助学生发展综合运用知识和教学技巧的能力，提高专业素养，又能促使学生主动实践，并在实践中反思教学行为，提高个人专业水平。

二、幼儿教育人才培养模式存在的主要问题

（一）人才培养模式上缺乏特色

单一的高校幼儿教育专业人才培养模式造成了"千校一面""千人一面"的现象，培养方案在人才专业培养上缺乏特色。培养方案的核心问题是"培养什么样的人"。在我国高校中，幼儿教育专业本科的目标定位是"幼儿教师"，但由于各个学校在认识上存在较大的偏差，培养目标都定位得比较宽泛，大部分高校都倾向于培养有较高教学、科研、管理能力素质的幼儿教师。从某种意义上来说，仅靠4年的大学职前培养是很难实现这一目标的，一名优秀的幼儿教师要经历"职前教育—合格新教师—有经验、有自己风格的教师—优秀的幼儿教师"的过程，需要大量的理论与实践经验的磨砺，而现有的人才培养模式仅停留于相对浅表、宽泛与综合式的程度。

幼儿人才专业的培养理念注重内涵性、专业性与特色性，培养过程中教师应传递给学生"怎么教"而非"教什么"的知识，注重专业核心能力、实践能力和创新创业能力培养与学生个性化培养。尤其是培养幼儿教育应用型人才，更需要个性化培养。我国高校基本上是"一本书大学"，即一门课程，一本教材，教师讲教材、复习教材、考教材。一本

书教出来的本科生，质量有待考验。

（二）培养目标滞后社会需求与对人才能力要求的精准度不够

1. 培养目标滞后社会需求

单一的幼儿师资培养目标与"托幼一体"多样化人才需求之间的矛盾，是当前学前教育专业人才培养面临的突出问题。一方面，3～6岁狭义学前教育观念在学前教育界仍旧根深蒂固，严重影响着学前教育专业人才培养目标的科学定位。受狭义学前教育观的影响，学前教育专业的人才培养目标局限于3～6岁幼儿教师的培养，而0～3岁婴幼儿保育人才培养却被排除在外。另一方面，学前教育专业单一的人才培养目标与多样化的人才需求相脱节。学前教育"托幼一体化"发展不仅对幼儿教师有需求，而且需要多样化的学前教育人才，如育婴师、保育员、儿童营养师、托育照护人员等。然而，保育照护人员的严重不足使得许多家庭"幼无所育"，充分说明了学前教育专业人才培养目标严重滞后于社会需求。

2. 培养目标对人才能力要求的精准度不够

人才培养目标对学校所培养出来的人在知识、能力、态度等方面的规格要求，是人才培养的方向和先导，影响着学校的办学方向。确定培养目标的制定受到政府要求、社会发展影响。在高校学前教育专业人才培养方案中的"培养目标"表述中，常常可见的一个现象是目标笼统且广泛。研究发现，在人才培养方案的制定上，各院校没有进行深入、充分的分层分级调研，没有去仔细学习和领悟国家层面、省（自治区、直辖市）层面对教育特别是学前教育的政策和规划，没有去详细了解学校的总体发展规划和顶层设计，也没有真正深入教育局、用人单位、幼儿园去调研。因此，各培养院校之间目标定位基本相同，学校内部类似专业（或者专业方向）的目标定位也基本相同。如此，部分高校对学校人才培养目标与定位没有进行研究和分析，未能提出本区域经济发展需求对本校学前教育专业人才的素质要求是什么？学校为满足学前教育人才素质要求能提供什么条件？不研究和分析上述情况，不可能制定出符合本校实际的切实可行的人才培养方案。

（三）专业课程结构比例失衡

幼儿教育专业要求学生是全面性、基础性、综合性的幼儿教师本科人才，既要有坚实的理论知识，又要有丰富的实践教学经验，从这个角度上看，专业课程设置上处于两难的境地。现代课程观认为课程不仅是教师对静态知识的传授和学生对静态知识的接受，而且包括动态的情景的建构和生成。在现有幼儿教育专业培养人才模式中，高校的实践课程设置比例偏低，忽视了保教实践教学课程和保育实习的安排，忽视了实践反思在教师专业成长过程中的新要求与新形式，造成了专业课程设置结构的整体失衡。

实践教学体系是课程的一部分，本科人才培养的关键在于实践。因而，高校在完善师范教学体系时应注意：一是幼儿教育理论与实践一定要联系起来，不能脱节。二是校园合作要为人才创设空间，如大学与幼儿园通过教学与科研合作，成立教研基地。大学聘请幼儿园专业教师为大学实践型导师，并安排其与在见习与实习期间的学生对备课、教材分析、课题研究、专题讲座、教学观摩、教学竞赛、论文撰写等内容交流经验，为师范生钻研课程标准和教材，不断改进教学方法，努力提高课堂教学效果奠定基础。三是要以师范生为中心，组织师范生对园本课题进行专题研究，以科研推动课堂教学改革，通过进行有针对性的讲座或课例分析，解决其在研讨过程中遇到的问题，为教研活动提供专业指导和理论支持。

（四）课程体系设置不合理，对人才培养目标的支撑度不够

1.课程体系设置不够合理

通过对部分高职院校学前教育专业人才培养方案的文本分析，发现它们的课程体系设置不合理，具体表现为以下几个方面。一是公共基础课程与专业课程设置不合理。公共基础课程与专业课程学时分配比例失调，公共基础课程学时少于教育部所规定的要求，公共选修课程的数量也明显不够。二是理论课程与实践课程各成体系。理论教学与实践教学的课程内容相互独立、交融性不够，理论与实践相分离的课程必然导致学生无法将理论知识与实践能力有机融合。三是课证岗赛融合不足，课证、课岗、课赛分离现象严重。专业课程体系既没有与幼儿教师职业资格证书和相关职业技能等级证书的标准和内容相融合，也没有与学生未来工作的岗位要求以及师范生职业技能大赛的实践能力要求相对接。

2.课程体系对人才培养目标的支撑度不够

实现人才培养目标的关键在于课程体系。科学适宜的课程体系，有助于一所学校人才培养目标的达成，只有当课程体系能够对人才培养目标形成有效的支撑，人才培养目标的设置才有意义。以湖北省 Y 市幼儿专科学校的三年制专科人才培养方案为例，其人才培养目标中有"培养具有社会责任感、创新精神和实践能力"这一表述。那么，在课程体系的相应维度部分，就应该设置能真正培养学生社会责任感、创新精神和实践能力的课程内容，且这些课程内容要能够真正实现对培养目标的支撑。但该方案在包括通识内容的职业素养课程中选择开设《职业生涯规划》和《大学生心理健康教育》两门课程，其课程所能达到的最终目标，并不能充分支撑其培养目标的达成。由此可见，课程体系的维度划分应与培养目标中的能力维度相对应，具体课程的设置应与培养目标中

的能力要求准确对应。同时，课程体系还要与毕业要求形成有效的支撑。只有当人才培养目标和毕业要求的距离最小或无缝衔接时，才能真正实现一所高校的人才培养目标。

据调研，目前高职高专学前教育专业的课程体系中，基本上以"三学六法"加艺术技能课程为主。据统计，学生超过三分之一的课时和超过一半的课外学习时间用在练习舞蹈、音乐、美术技能上，而对于在幼儿园如何开展艺术教育却不熟悉；对于"三学六法"的学习，有的学校开设了超过 10 门课来教授这些内容，有的学校则将五领域设为一门课，每个学期学习 1 ～ 2 个领域的教学法课程。这些情况都导致了在学生的知识体系中，幼儿园的工作特点仍然是以"上课"为主。多数学校还为学生考取教师资格证书专门开设了"保教知识"与"综合素质"两门课程。这与师范专业认证所要求的课证融合显然是背离的。

（五）课堂教学质量对课程目标的实现度不够

课堂教学的内容是对课程目标的分解，因此，课堂教学质量是实现课程目标的关键。关于课堂教学质量的内涵，国内外学者目前并没有形成一致的观点。美国教育家布鲁姆基于微观层面指出："'怎样给学习者提供指导或是线索''怎样提高学习者参与学习活动的程度''怎样加强并吸引学习者进行学习'这三个方面共同决定教学质量。"这一观点受到学界的普遍认可。根据这一观点，教学者的教学能力及风格、学生参与学习的程度及获得知识的程度、教学者具体采用的教学方法与策略，都是影响教学质量的关键。教学者的教学能力、知识背景、对人才培养的理解及关注度不同，都可能导致教学质量的千差万别。课堂教学质量对课程目标的实现度应当引起所有人才培养学校的关注。2018 年 6 月 21 日，教育部召开了改革开放以来第一次新时代全国高等学校本科教育工作会议，会上陈宝生部长提出："要提升大学生的学业挑战度，合理增加课程难度，拓展课程深度，扩大课程的选择性，真正把'水课'转变成为有深度、有难度、有挑战度的'金课'。"探究教师专业成长，打造高比例的"金课"，是促进课堂教学质量提升，实现课程目标的重要路径。

据调研，目前许多高校实行的仍然是传统守旧的教学方式，不仅极大地制约了学生个性化的发展，而且严重影响着人才培养质量的提升。首先，"以教师为中心"的传统教育理念严重忽视了学生学习的主体地位。这种重"教"而不重"学"的教学理念，既不能充分激发学生学习的兴趣和主观能动性，也无法实现"教学做合一"的理想教学效果。其次，传统课堂教学方式无法满足职前幼儿教师素养提升的需要。在现行的高职学前教育专业教学过程中，理论与实践"两张皮"现象仍然很严重，教师过于重视学科理论知识的传授，忽视学生教育实践能力和创新精神的养成。最后，高校与幼儿园、保育机构之间的合作并不充分，教育见习与教育实习往往流于形式，在重理论轻实践的教学过程中，学前教育师范生的核心素养和关键能力难以得到有效提升。

（六）教学实习侧重形式而非实质性促进学生发展

有些院校在教学实习中侧重形式，对学生在幼儿园实习中的教学与研究重视程度不够。在实习期间，实习生经常因为幼儿园琐碎的实习工作感到焦头烂额，不知从何处下手，且缺乏幼儿园教学与管理的直接经验，出现了教师职业倦怠的情况。在实习后期，多数高校并未为实习生安排高校与幼儿园具体指导教师。实习生在实习课堂教学中由于缺乏专业指导，一定程度上忽略了课堂教学与班级管理出现的困惑和问题。如教学案例研究课题，学生可以根据研究课题设计研究方案，开展教学研究，从而掌握课堂教学研究的基本方法与策略。教学研究是从教学实际问题出发，通过对教学实际情况的分析和研究，提出解决问题的方法，进而不断地实践和反思，实现教学的创新。

（七）评价机制尚不科学、完善

许多院校学前教育专业还没有形成科学完善的人才培养评价机制。一是人才培养的评价标准不科学。人才培养的标准过度偏重于学生的学业成绩，"重智、轻德、弱体、抑美、缺劳"的现象严重，背离了立德树人的教育本质。二是人才培养的评价主体过于单一。教师是教育评价的唯一主体，而学生本人、同学、家长、幼儿园、托育机构却没有参与其中，使得评价结果缺少客观性和公正性。三是人才培养的评价方式不合理。在现行的高职教育人才培养的评价体系中，纸笔测试的结果评价仍是唯一的主流评价方式，而过程评价的教学诊断、及时反馈以及教学改进等功能并未得到充分发挥。重结果轻过程的教育评价必然会导致教育质量或效能的评价最终简化为呈现测量到的东西，而不是测量高校所重视的内容。

目前，多数院校存在课程实施后的评价不规范的问题。第一，试卷或考查方案编制不规范。每学期的期末试卷或者考查方案多是教师轮流负责制。不管是试卷批改还是考查，只是负责自己带的班级学生，而各位教师没有共同来制定期末试卷或考查方案，没有做到教考分离。第二，评价方式简单。师范院校的所有教学活动都要围绕如何使学生达到未来教师从教的核心能力而展开，并且要根据课程与教学改革过程中存在的问题，不断地对教学活动持续改进。而目前的高校教学评价仍然以书面作业或者是艺术技能展示为主，缺乏多元化的评价方式。第三，评价主体单一。在传统的课堂学习中，评价的主体一般是授课教师。学生只是被动的旁观者。没有引入多元的评价主体，评价不能是教师的一言堂，应是教师、学生、幼儿园等多方参与的评价。

三、幼儿教育专业培养模式的调整和修订的思路与策略

（一）坚持"素质培养"，打造专业特色

高校在人才培养模式上应坚持"素质培养"，打造专业特色。高校要以学生为中心，重点了解教学是否满足学生专业上的理论与实践需要，注重学生专业知识与能力体系的综合素质建构，鼓励学生在知识、能力、素质方面的协调发展，使学生具有扎实的综合素质能力。高校是高度趋同的社会组织，越是趋同，越要同中求异，体现自己的特色。由于每所大学资源有限，尤其是幼儿教育学科发展历史短，更应在学科专业上办出特色，否则很难发展。如 H 高校在专业课程幼儿园课程大纲中关于课程目标的制定具体如下：一是系统地让学生识记幼儿园课程的基本原理、方法和策略，了解国内外幼儿园课程改革的现状、趋势和热点问题，形成关于幼儿园课程活动的基本原理、方法和策略的整体认知，注重知识间的联系和整合。二是让学生正确理解幼儿园课程的基本原理、方法和策略，能科学地观察、描述和解释幼儿园课程现象，理解幼儿园课程和幼儿园教育活动的本质与规律，提高幼儿园课程素养，坚定参与幼儿园课程改革的信念。三是让学生运用幼儿园课程理论知识，形成幼儿园教育活动设计、实施和评价能力，善于发现、分析并解决幼儿园课程问题，通过整合资源与合作学习，为开展幼儿园环境创设、组织一日生活与幼儿教育活动等工作奠定基础。四是让学生养成对幼儿园教育现象与课程问题观察、思考和分析的兴趣和习惯，具有反思、协作和终身学习意识，树立正确的儿童观、课程观、活动观、评价观，培育热爱幼儿和教育事业的积极情感，立志成为一名"四有"好老师。

（二）培养目标应该定"性"在教育、定"格"在本科、定"向"在幼儿

幼儿园教育的重点不在于让幼儿掌握多少知识，而是强调其综合素质能力的培养。现今，高校在人才培养模式方面注重对现有的理论知识进行填鸭式的传授，轻视学生对于专业本身的反思以及技能的操练。高校教师仅考虑师范生作为学习的主体接受知识的能力，忽视其的知识迁移能力导致了师范生关于观察、分析和研究创新能力的下降，严重影响了师范生的培养质量。从某种意义上说，幼儿教育本科培养目标应该定"性"在教育、定"格"在本科、定"向"在幼儿。幼儿园教育对象是3～6岁的幼儿，这一时期幼儿身体发育迅速，好奇好问，表现出强烈的求知欲望。幼儿园教育的重点不是让幼儿掌握多少知识，而是重在发展他们的素质，开发他们的智力和创造性，培养良好的品质，提高其适应社会环境的能力，为幼儿的长远发展打下坚实的基础（详见附录1 H 高校幼儿教育专业人才培养方案）。

首先，在培养目标上，应定"性"在教育。师范生应关注幼儿教育是什么，幼儿为什么需要教育，幼儿为什么可以教育，幼儿按什么规律接受教育，幼儿的知识或智慧从哪里来，幼儿怎样感知世界，幼儿的兴趣、爱好、习惯、个性如何影响幼儿教育过程，幼儿的能力怎样形成，幼儿的智力水平是否存在上限，幼儿怎样去认知、表达、记忆、理解、思维，幼儿的兴趣、动机、需要、个性等如何影响幼儿学习。这些都是幼儿教育的出发点与立足点。因此，不回答"幼儿是什么"，就回答不了"幼儿教育是什么"，不理解"幼儿应如何发展"，就理解不了"幼儿教育应如何施展"。

其次，在培养过程中，应定"格"在本科教育。本科生在学习幼儿教育专业知识与提升能力的过程中，很大程度上是一个内化的过程。内化是新知识与原有知识相互作用，形成了自己的知识结构、思想和智

慧。内化靠谁？靠学生自己。在教学中，教师应注意其不能代替学生内化，教师应注意学生素质形成过程中的渐变与突变。在传授知识过程中，强调教师与学生之间双向建构过程，也就是"认识、感受、体验与再创造的过程"。

最后，在培养专业上，应定"向"在幼儿。在学习过程中，师范生在选择教学资料上应有重点地选择幼儿类的专业书籍与研讨资料进行学习与研究。同时，通过教师讲授、学生研讨与见习、实习活动，让知识以活生生的形态呈现在师范生面前，激发学生的学习兴趣。学生在兴趣的建立基础上，通过主动思考、实践，实现主体与环境之间的互动，经过内化获得经验并外化为行为的表现。

（三）提高实践课程在总课程结构中的比例，丰富实践课程的内容和形式

提高实践课程在总课程结构中的比例，丰富实践课程的内容和形式，如实践形式可以是观察、观摩见习、核心课程见习、模拟教学训练、研究性实习、教学实习、毕业实习等。特别要增加核心专业课程的见习时间，加强对实践课程的管理，突出实践课程的全程性、系统性、针对性、可操作性、生成性、自主性与探究性。同时，可开展课堂模拟教学训练和幼儿园见习评议等活动，使实践课程真正成为学生学习主体内化与重构知识的前提、中介和归宿，从而提升学生的实践能力，特别是提升他们积极的专业情感。幼儿教育专业教师职业技能的训练内容为保育、教育和艺术技能，其考核都由考核要求、考核内容、考核为法、考核标准构成。考核方式是集中考核和基地考核相结合，考核项目的试题是在试题库中任选的。其中集中考核的项目至少应由两位以上评委负责进行，给出相应等级分，取平均值。

（四）树立发展性评价理念

理念是行动的向导，有什么样的理念就会产生什么样的行动。只有树立科学的评价理念，才能进行科学的评价，发挥评价的促进和发展功能。现行关于学生评价采用"指标量化"模式，缺乏"以学生为本"的思想。管理主义倾向突出，强调外在动力和管理的必要性，忽视了内在动力，在启动方式上以行政命令和教育资源的分配为基本手段，只注重鉴定的功能，其发展、激励功能不能得到有效发挥。评价主体缺乏广泛的参与性，评价标准缺乏弹性和发展性，不能引起学生参与的积极性，起不到促进教师教学能力提升的作用。因此，构建基于教学能力提升的教学评价模式，高校应改变评价学生的理念，从树立发展性评价理念开始。

第五节　幼儿教育专业实习

幼儿教育专业实习是指师范生在实习学校指导教师的帮助下进行课堂教学相关活动，包括教学设计、说课和上课和实习评价。作为师范实习生应该探究如何设计教学，如何通过说课的形式展示自己的教学思路，在上课的时候应该注意哪些问题。所有这些都是实习生应该明晰的。

一、教学设计

（一）教学目标分析与确定

教学目标是教学设计的起点与终点。教学目标设计得是否科学、合理，直接影响到教学活动是否能沿着预定的、正确的方向进行。实习生在进行教学目标设计时需要处理好教学目标的明确性、完整性、教学目标的主导性与层次性四个问题。首先，教学目标的明确性。不管采取哪种取向的教学目标，都要尽量明确、具体。其次，教学目标的完整性。这就要求实习生在设计教学目标时，需要设计出尽量完整、全面、灵活的教学目标，有效弥合学生在认识能力与实践能力、智力发展与非智力发展之间的断裂。再次，教学目标的主导性。就单独的教学活动而言，无论如何也不可能兼顾学生所有方面的发展。因此，教学目标的设计还必须确定一个主导性的目标。实习生在设计教学目标时，要善于挖掘教学内容的内涵并确定性质，抓住学生发展的重要方面来设计教学的主导性目标。最后是教学目标的层次性。教学是一个循序渐进的活动过程，教学活动设计是为学生打开一个从不会、学会到会学，从低级到高级的逐步发展过程。理想的教学活动设计，就是要将学生从低级往高级发展水平推进，而不是停留于一个同样的水平甚至是较低的水平。

（二）教育内容的理解与处理

任何教学都是围绕一定内容进行的。在教学中，实习生应注意教育与生活相联系。在内容的理解与处理方面，实习生要特别注意以下问题：第一，沟通教材与生活的联系。教学与生活本来就有着天然的联系，教师要唤起学生充分地进入教学情境之中，让教学成为学生生活的真实再现，激发学生的生命趣味，而不是把学生当作完成外在的教学目标的工具。如果割裂教学与生活的内在关系，不但会使教学失去其存在的基础，且会使学生与教师交流的深度与广度无法扩展，教学远离了教师的自我生命与学生的生命。第二，加强教材内容之间的联系与整合。基于当下教学存在新知与旧知的断裂、思考与行动分离，层次与层次脱节，学科与生活存在割裂等现象，教师要加强教材内容之间的联系，力图打破学科壁垒，畅通学段界限，注入生活活水，实现课堂教学的深层变革与学科生命力完整生长。第三，挖掘教学内容的人文内涵。教学内容不仅是学科知识的汇总，更重要的是它包含着十分丰富的人文内涵。

实习生需要挖掘教学内容的人文内涵，帮助学生理解其中的人文内涵，使学科教学活动在扎实的基础知识与基本技能基础上进一步延伸到思想、方法和精神等文化层次。

（三）教学情境的分析与创设

实习生在教学情境的创设时需要在分析各个要素及其相互关系，充分发挥情境功能的基础上，同时做到"神似形真""情真意切""意深境远""理寓其中"。第一，"神似形真"，基于生活经验。教学情境的创设应尽可能真实，让学生在真实的情境和问题中享受知识的乐趣，寓枯燥的知识于充满乐趣与生机的情境之中，真正体会到知识与生活的密切联系。需要指出的是，教学情境并不是要完全机械地复制生活原型，而是要通过"神似"显示"形真"。第二，"情真意切"，激发情感。教学情境的创设需要生动形象的场景和真情实感作用于学生的心理，"以情动情"激发他们的情感体验；"以情养情"，用情感架起沟通交流的桥梁，使整个活动过程都包含师生的主动参与和情感投入。第三，"意深境远"，拓展思维空间。教学情境不是简单的实物、图片和场景，而是有着一定广度和深度的境界。相对于情境的有形因素，那些无形的因素往往对学生的影响更为深刻和深远。这种无形的因素就是意境和境界。它给学生提供积极思考和广泛联想的问题空间。因此，实习生要注意将教学情境与多姿多彩的生活相通，使创设的情境能意深境远，为学生提供广阔的想象空间，使学生在想象、创造中加深对教材的感受和对事物本质的认识。第四，"理寓其中"，透过现象看本质。无论是生动的场景、真实的案例、深远的意境和真切的情感，都是透过杂多的现象，达到对教材内容的深层理解与对事物普遍事理的把握。

（四）教育策略的选择与应用

在新课程改革的要求下，实习生需要重点理解与掌握以下几种教学策略：主体参与策略、合作教学策略、探究教学策略、体验成功策略、差异发展策略。第一，主体参与策略。教学活动中，学生需要有明确的参与目的，较强的思维能力，特别是创造性思维能力及动手实践的能力。第二，合作教学策略。合作教学的有效实施需要具备两个基本条件，一是培养学生的合作意识与交往技能。二是教师正确的教学观念。第三，探究教学策略。与接受教学相比，探究教学的基本特点是以增进教学者的创造才能为主要任务，以解决问题为主题，重视教学的非指导性与学生的自主选择，关注探究性的教学过程。第四，体验成功策略。体验成功策略的实质在于以改善学生自我观念、获得积极的情感体验为核心，提高学生的自我效能感。实施体验成功的教学策略，旨在促进学生认知发展和培养学生良好人格。第五，差异发展策路。在教学活动过程中，一是要承认学生发展的差异性，不强调水平均衡发展，不搞"填平补齐"；二是承认每个学生发展的独特性，努力挖掘他们的教学潜能和创造潜能。

二、说课

（一）"教什么"

"教什么"是针对教学内容进行分析。其分析的侧重点有三：一是教学重点的确定。教材上的知识信息大多以线形平铺的方式呈现，对知识重点进行突出讲解，在有效的时间内提高教学的有效性。二是知识的层级分析。实习生要对多个知识点之间的相互关系进行梳理，确定它们之间的从属关系和层级支撑关系。三是目标确定。目标的确定是指学习目标而不是教学目标。学习目标中包括预期学习结果和学习发生的行为证据，是学生与教师教学结果评价的导向标。

（二）"为谁教"

"为谁教"主要是指实习生需要对自己的教学对象——幼儿的情况进行分析和掌握。主要包括：一是幼儿先前的知识技能与学习动机。成功的教学必须建立在幼儿已有的知识技能上，帮助幼儿找到新、旧知识的内部联系，才能使幼儿更好习得与掌握新的知识技能。二是幼儿思维认知特征分析。教师们通常以自己的思维认知方式来表述和讲授知识，而忽视了他们与幼儿思维认知水平之间的巨大差异，导致即使教师讲清楚了，幼儿还是听不懂、理解不了。可见，幼儿在学习过程中，实习生不仅要传递知识的养分，同时更需要对幼儿进行思维认知能力的培养。三是幼儿学习困难预期。幼儿由于年龄过小的特征，在学习过程中面对困难时易产生退缩、胆怯。实习生应积极鼓励幼儿，分析幼儿学习的动机与兴趣、先前知识能力、技能基础、认知思维能力的程度、良好学习行为的养成等。通过与幼儿交流、观察幼儿行为与进行心理分析等方法，深入了解幼儿学习中出现的困难，做"解惑"之师。

（三）"如何教"与"为什么这样教"

首先，"如何教"首先是体现在教学方法的选择和运用上。不同类型的学习需要不同种类的教学方法和策略等。如在知识概念类教学中应选用意义连接法教学方法策略，实习生在讲解时应说明其意义价值并尽量根据实习生的个人经验作积极的意义连接。在技能程序类教学中应选用示范教学法。在素质教育与新课程改革的推动下，启发法、情景设置法、角色扮演法等丰富多彩的教学方法与策略越来越多地运用于幼儿课堂教学中。在教学活动设计上，幼儿的学习活动与实习生助学活动二者相互作用。因此，实习生应为幼儿设计主动认知活动并提供更多参与机会，如现象解释、原因假设等，这既是教学设计的重点，也是说课成功进行的关键之处。同时，针对"为什么这样教"的问题，实习生应依据应用教育心理学、教育技术学、课程论的原理进行说明，为自己的教学方案的科学性提供合理的反思与举证，更好将所学到的教学知识与自己的教学实践相结合，更深刻理解教育、教学理论的实际机制，促使教学技能从随意性走向规范化、从经验型走向科学型。此外，实习生在设计教学方案时，应注意对自己教学的特色和创新点进行说明，如教案设计、新教学思路与观点，新的教学方法与手段等。

三、上课

在实习过程中，实习生要上好课，其教学过程应注意下面一些问题：1.上课精神饱满、教态自然，注意肢体语言的巧妙运用。2.声音清晰，语调抑扬顿挫，要有起伏，能够对幼儿的听觉造成一定的刺激，使幼儿振奋，情绪高。3.教具要准备充分，演示要规范、正确、清楚、说服力强。4.语言节奏适度，教师应根据教学语言节奏掌握语音的快慢、张弛有度的有序组合来体现。5.教学环节齐全，能围绕本次课的教学目标，将目标层层分解，对教学难点进行逐个解决。6.主题延伸活动安排得当，在幼儿演示过程中，注意发现幼儿的创新方法与不合理之处，并及时表扬与纠正。7.能根据幼儿实际接受能力和现实反应处理教学进度，尽量追求幼儿思维的完整性。8.教师上课能体现自己的教学风格、体现教学方法的选择、体现力求达到的能力目标。

在课堂教学中实习生应优化自己的教学情绪，它包括教师对待教学内容、教育对象、教育方式与教育教学效果的情绪。情绪具有扩散性的特点，当一个人处于某种心境时，往往会影响实习生实习的其他事情。如情绪不好会带来教师在处理幼儿之间的矛盾、克服学习困难时出现不恰当的教学行为，影响了幼儿学习与学生实习过程的效果。因而，实习生应优化自己的情绪，适当对情绪做一些调适工作。如实习生在幼儿面对分离焦虑时不停哭闹，实习生应尽量保持心绪安稳平静，克服心慌、烦躁、紧张的情绪，或者将焦虑控制到最低程度，防止自己心理内耗。

此外，实习生在上课过程中，幼儿出现课堂纪律不良，可以采取几种策略，灵活处理。1. 表扬暗示法。如幼儿在上课过程中出现离开座位、打闹、注意力难以集中等行为，教师可采取表扬某些小朋友，对其他未遵守课堂纪律的相关同学发出警告。2. 提问暗示法。在课堂上，实习生发现幼儿精神不佳，注意力只集中在自己身上，可以让幼儿站起来回答问题，或是重复及补充别人的发言。在这个过程中，教师可以用一些强调性的语调进行强调，引起幼儿的无意注意。3. 在管理课堂教学中，作为实习生应避免与幼儿出现正面"冲突"或争吵，冷静下来，不和幼儿争吵，或搁置矛盾，转移注意，使问题变冷，等待事后心平气和地处理。

四、实习评价

实习评价是针对实习生在教育实习过程中的实习活动的表现、效果及其发展状况，利用定性和定量结合的评价方法对其进行的价值分析和价值判断。实习评价是实习重要的环节，实习评价直接影响到教育实习的质量和效果。实习生实习评定一般包括三个方面的内容：一是评定学生的实习内容是否达到标准或要求，给予明确结论；二是为学生的实习课程确立等级和水平程度，确定学生实习目标的达成度；三是判定学生实习过程的问题与效果。实习评定既有定量的结果，对学生的实习效果作出客观的判断，也要有定性的描述，对学生的实习过程作出价值判断。学生在实习过程中，由于个人的素质与努力程度不同，其实习效果、质量也有差异。实习评价的目的不只是给学生评定出一个具体成绩，更为重要的是通过评价手段充分发挥其反馈与导向功能，进而改进学生的实习质量。同时，实习评价是学校教育管理的重要环节，具有控制、计划、检查、考核、评估和监督等方面的作用。实习评价能有效促进实习过程管理，可以通过实习现状与实习目标之间的差距进行有效判断，促进学生不断接近预定目标。

第六节　AWS 资源型平台组织在实习中的运用

一、AWS 资源型平台组织概念的内涵

幼儿教育专业实习是高校通过"校园"合作途径，让师范生了解幼儿教育教学实际，感悟幼儿教师的职业生活，领略幼儿教师的教学风格，从而树立良好的从教理念。实习是师范生在实习过程中遵照一定的实习原则，使用各种管理手段，通过组织、指挥、协调幼儿园与学生之间的关系而构成的实习活动，从而高效率地实现专业实习所设定的预期目标。

AWS（Amazon Web Services）是一个集收集信息、存储信息以及发布资源信息为一体的综合性资源平台。用户可以在一个以 Amazon 设施为基础的虚拟设施上短时间内迅速掌握大量信息，并且可以根据其自我需求自由地扩展和收缩。高校以 AWS 为基础，不但可以成立多个高校与幼儿园资源平台空间，而且可以掌控和管理高校与幼儿园资源平台之间的访问方式。AWS 资源型平台组织可以提供更多的实习就业以及学生创业的机会，同时幼儿园也可以通过此平台得到国际教育交流、教育管理培训、幼儿园托管与加盟、幼儿教育人才服务以及幼儿园文化建设等不可或缺的必要资源条件。同时，高校和幼儿教育机构还可以降低各种形式的准入门槛，如资金、时间、渠道、品牌、人才等等。

二、AWS 资源型平台模式介入高校幼儿专业实习管理的意义

（一）有利于内外联动的实践教学基地构建

AWS 资源型平台模式介入高校幼儿专业实习管理主要由第三方指导，在校内外创建实践教学基地。包括如综合教育实践研究基地，以进

行学生入职之间不可缺少的实践环节；艺术实训室，包括手工制作、舞蹈、钢琴、美术教室。由于资源型平台模式介入幼儿专业实践，很多幼儿园同学校合作，共同办学，如天津、上海、浙江等地高校幼儿教育专业纷纷与校外幼儿园机构建立合作办学机制。一方面，师范生通过实践基地的一线幼教教师的个人指导，根据个性化需求直接接受入职的一手培训和培养。另一方面，幼儿园依托园内的教学科研活动与高校进行合作，从而更进一步拉动了基层与高校之间的沟通，较好解决了从实习到就业的一系列问题。

（二）克服高校"重理论、轻实践"培养人才的价值取向

AWS资源型平台模式组织介入高校学生实习以及就业的推进，为地方幼教机构输送高质量的幼儿教育人才提供主要路径。以湖北某职业院校为例，其在校毕业生教师资格证获得率和就业率均在99%以上，高级育婴师职业资格证获得率在90%以上，且每年就业率呈稳步增长状态。如今，在国家放开三孩的政策下，幼儿教育方面的人才需求巨大，高校在培养幼儿教育人才方面不仅要抓师范生的基本素质、文化素质，动手能力、科学研究能力显得尤为重要，这为后续的可持续发展提供了发展的平台。

（三）进一步为幼儿教育机构、学生、高校互利互惠提供了发展的契机

随着我国三孩政策的敞开，幼儿园的招生一直处于稳定上升状态。同时，高校通过扩招来满足当前社会对幼儿教育专业学生的需求。在这个过程中，由于学生实习人数多，实习地点远离高校，实习工作对象的特殊性与复杂性加深了学生的心理焦虑程度。从这几个方面来看，校方难以做出客观、公正的实习评价。如过程性评价是基于关注并且重视实习生在实习过程中的态度、能力以及一些非预期结果等等，强调对实习

环境的适应度以及能力的表现度。资源型平台介入方式到高校幼儿专业实践的创新举措，有利于校方、园方以及学生一起进行互动与沟通，诊断和问题、讨论解决办法以修正实习生的实习策略，进一步化解幼儿教育机构、学生、高校之间的实习管理中的阻滞问题，为三方互利互惠提供了发展的契机。

三、AWS 资源型平台介入高校实习管理的对策与建议

（一）政府应发展教育类AWS资源型平台介入高校实习管理的建设

提高幼儿教育质量和建设高素质的专业幼儿教育教师队伍，教师教育是基础和关键。近年来，师范院校一直进行着不同程度的教师教育课程改革，但总体上来讲，仍然存在普通课程与专业课程的比例较高，教育理论课程与教育实践课程比例不协调，教师理论课程与实践课程之间存在较大脱节等问题。因此，我国高校在人才培养方案、培养目标、课程的设置与教学内容做出了相应的调整，加强与教育教学的实际联系，重点强化了实践环节。从这个角度讲，实习对于教育教学、学生就业以及科学研究有着非常重要的意义。政府应积极推进和发展教育类 AWS 资源型平台介入地方高校实习管理机制的建设。

一方面，政府应设立相关的官方教育类 AWS 资源型平台以供高校培养人才提供指导。具体来讲，在人员参与上，应配备教育类相关专业的管理人员与技术人员来维护平台的基本运作。资源型平台主要是为教师和学生提供相关的实习信息以及拓展训练。其中，资源型平台提供的信息是要求专业对口，符合各个高校的个性化需求。同时，用人单位也应该是比较认可的。只有在三方基本上都能达成合作的情况下，学生的实习工作才能不断地推进并且完善。

另一方面，政府建设资源型平台在选择管理人员方面，应充分考虑

其管理人员的教育背景以及专业方向来满足各高校对实习实质化、个性化的需求。资源型平台须制定关于实习生的实习考核标准、考核要求、考核认定以及平台运作的相关规章制度。实习考核标准是考核要求与认定的前提，是对学生端正实习态度，自觉遵守实习相关规定，坚守岗位，顺利完成实习任务的关键。考核要求是考核认定的标准之一，实习生只有按照考核标准完成实习任务才能进行实习评定，彼此作为基础，不能忽略。

（二）AWS 资源型平台与高校形成"四维一体"的协调统一的机制

学院与资源型平台共同商讨关于实习过程中的一些细化指标。它主要有学生实习日常行为规范，创建学生活动平台，师范生保育和教育工作过程的合理评比以及学生实习的教育研究能力等等。幼儿园与资源型平台制定相关的实习评价标准，比如实习生的教学基本功，包括教态、语言表达、信息技术使用、课堂组织能力以及应变能力。此外，学生在实习过程中涉及的师德表现和教学研发，例如调查设计、调查方法和调查分析能力也是很重要的考核标准。综上所述，政府、高校、学生、AWS 资源型平台组织各部门应协调统一，积极推进实习生的实习工作，为实习生以后的就业、创业打下坚实的基础。

1.AWS 资源型平台与高校可形成实习教学咨询中心平台

教学咨询是一种提供信息、答疑解惑、忠告建议的活动。幼儿园教学咨询中心是指 AWS 资源型平台与高校形成实习教学咨询专业平台，在幼儿教师或师范生主动寻求帮助的情况下，提供专业咨询人员，以第三者角度，运用一种或多种方式，收集幼儿园教师教学资料，提供咨询讨论及幼儿园教学改进的参考，并将这些建议反馈给幼儿园教师，作为幼儿园教师改进教学技术的中心平台。幼儿园教育教学改革及教师专业发展均指向教学品质的提升，而教学品质的提升需要在不断改进的过程中实现。当幼儿园采取各种措施改进教师的教学时，只有为教师提供针对性的咨询服务，才能更好挖掘教师的优点，从而提升教学品质。

2. 幼儿园教学咨询中心平台的人员设置

幼儿园教学咨询中心平台既是幼儿园教师解决问题的重要途径，也是幼儿园教师排解心理压力的重要方式。这种个性化的教育服务，对于教学有效性的提高、教师专业发展的促进均发挥了重要作用。组建教学咨询中心可常设主任 1 名，全面负责教学咨询工作，副主任 1～2 名，主要负责教学咨询的具体开展和协调工作，包括确定专家委员、组织咨询活动、反馈与跟踪等。为方便协调咨询工作，中心还可以由具有权威性与代表性的专家委员兼任。一般情况下，中心应由学科带头人和学科骨干教师两大类人员构成，但同时需具备以下条件：一是学术水平高；二是师德修养好；三是责任心强，办事公正；四是熟悉人才培养规律，热爱教书育人事业；五是教学水平高，管理经验丰富。

3. 教学咨询中心咨询模式

它主要可以分为三种：第一种是基于咨询目标的分类，可以分为问题解决教学咨询模式、发展型教学咨询模式；第二种是基于咨询人员与教师关系的分类，可以分为专家教学咨询模式、同行教学咨询模式；第三种是基于收集资料方式的分类，可以分为课堂观察与教学录像、早期评量与期中评量、微格教学三种模式。由于幼儿园教师的个性特征及教学咨询目标，教学咨询中心咨询模式的选择有所不同。同时，教学过程的整体性与复杂性决定了教学问题的关联性，一个教学问题的产生可能是多个相关因素导致的。所以，在教学咨询中心咨询模式运用中，就应该通过多种咨询模式开展教学咨询服务，这样才能够全面系统地诊断问题，科学有效地处理问题。具体体现在以下三个方面。

一是合作对话，尊重个性。由于教学咨询服务具有专业性、个别化以及保密需求等特点，教学咨询必须使教师主动、自愿参与，不能依赖于实施的行政命令。教学咨询的常规化开展，教学咨询中心要组织公开的培训与讲座，通过合作对话让教师明白，教学咨询不是为教师教学改进制造压力，而是为其提供足够的支持，提供一种来自外部的、没有偏见的专业意见。

二是要保障时间，提升技能。教学咨询中心人员组成复杂，教学咨询中心工作要顺利有效开展，就需要从制度上保障教学咨询的实践，将教学咨询纳入重要的教学事务之中。教学咨询中心工作人员要保证在接到教师咨询申请的一周之内，安排教学咨询人员深入课堂，进行课堂观察，获取教学咨询内容，与教师进行深度交流，并在一个月内为教师提供教学咨询服务。

三是科学处理，协商改进。咨询的成功与否，与教学咨询人员素质高低有关。面对性质与量化、静态与动态并存的数据，应该明确哪些资料是真实可信的，哪些资料是敏感重要的，哪种方法是科学有效的，在处理这些教学资讯时，教学人员应多方面检测材料的真实性与可信度，剔除不合理的、自相矛盾的信息，要选取多种有效的分析手段，质性分析获得的信息为我们提供深度鲜活的课堂图像，量化分析获得的数据为我们提供了教师教学的多维度信息，在对教学资讯进入深入的科学处理后，教学咨询人员应与教师共同探讨教师教学的优点和待改进之处，共同协商教学改进的有效策略。

高校在培养幼儿教师专业人才过程中要切实加强学生关于专业的理想信念、核心价值观等人才培养的基本规格与重点的认知，重点推进立德树人，加强学校人才培养课程体系整体建设与规划，这不仅体现在对国家、地方与校本三级课程进行规划，还要对必修课程和选修课程、学科课程与活动课程进行整体设计，为学校专业特色课程的设置与规划和为教师特色专业教学预备空间，为今后的人才培养模式的改革实践路径提出框架性认识与把握，切实解决人才培养模式的重大问题与真实问题。

第七章　幼儿教师专业发展之师资配置问题研究

幼儿园师资的配置水平，事关我国"广覆盖、保基本、有质量的学前教育公共服务体系"。近年来，我国幼儿园教师数量呈稳步增长，但专任教师数量仍然不足，学前教育教师学历层次有待提高。由于我国地区之间的经济和文化的影响，我国幼儿教师在职称、学历、数量等很多方面都存在一定差异，使师资配置问题更为复杂，运用单一的配备标准来配置所有幼儿园的师资显然难以达到精准施策的目的，还可能带来一些负面影响。目前，国家高度重视幼儿园师资队伍建设工作，在师资配置问题上先后明确了"补足配齐"的目标、"配备标准"的要求和"分类实施"的策略。鉴于此，关于我国在幼儿园师资配置的问题上，笔者首先以咸宁市为对象调研了幼儿教师师资配置的现状，并提出以标准需求为目标、以有效需求为着力点优化配置幼儿园师资的合理建议。

第一节　我国幼儿教育师资配置均衡发展的现状

关于资源配置，并没有一个确定的、严格的、权威的定义，其英文为 Allocation of Resource。《经济学大辞海》《大辞海·经济卷》中对"资源配置"的解释是：资源配置又称资源分配，是指资源在不同用途和不同使用者之间的分配状况。学前教育师资配置，在某种程度上是指将学前教育教师的总体资源在不同的地区、不同幼儿园根据不同岗位的设定而得到的教师分配状况。目前，我国幼儿教师队伍在配置上"断层"严重：内部结构失衡、"双师型"教师队伍制度缺失、青年教师教学任务繁重、专业提升陷入窠臼。

一、专业教师队伍"断层"严重：内部结构失衡

当前我国高职院校学前教育专业教师队伍存在一个重要缺陷，即教师队伍内部结构不合理，"断层"现象严重。这个问题主要表现在教师队伍的学历结构层次偏低和年龄结构不合理两个方面。从学历结构上看，目前仍然以硕士及以下学历层次的专任教师为主，具有博士学位的教师比例严重不足甚至还有很多学校无博士学历教师，直接制约师资队伍建设的质量。从年龄结构上看，合理的年龄结构应该是老、中、青三个阶段的教师都有一定比例，并且这个比例没有明显的差异。但是调查发现，很多学前教育专业的师资队伍各年龄段之间的教师所占比例落差较大，出现严重的"断层"。具体表现在，中年骨干教师数量不足，老年化和年轻化并存。据调研，引起这个现象的问题是青年教师流失严重。在我国学前教育专业高层次人才供不应求的大背景下，教师的工作环境、享受的社会保障以及个人的发展等与省部级重点高校或者本科院校有一定差距。因此，很多教师把高职院校当成"跳板"，学校一步步培养起来的一些优秀青年骨干教师，一旦有机会，要么跳槽到省部级重点高校发展，要么考博士之后直接离职。正如一位受访者所说："我们这种地方性职业学校只有老教师或者没什么专业想法的能留住，年轻有为的教师容易流失，很难在这里扎根，顶多待个三五年就走了。"总之，教师内部结构的失衡现象，造成高职院校学前教育专业广泛存在学科带头人数量偏少、知识老化、水平偏低、骨干教师紧缺的情况，学前教育专业发展面临很大困难。

二、"双师型"教师队伍制度缺失：难以完善和规范化操作

首先，师范"双师型"教师的资格认证制度还没有建立起来。行业特点不同，对"双师型"教师的界定应该有所区别，国家应该对其予以界定，否则会给具体的认定和管理带来困难。各省市、各学校对于师

范教育"双师型"教师的认识和标准并不统一，基本是套用职业学校的资格认证制度。"非教师系列的资格证"的要求，使得师范教育的专业实践基地小学、幼儿园不对口，"双师型"师资队伍建设难以实现，难以完善和规范化操作。"双师型"教师难以进入教师主流队伍，很多具备实践教学能力的人才无法成为"双师型"教师。其次，"双师型"教师的培养、培养模式和机制尚未形成。国家建立"双师型"教师鼓励教师培训研究可以获得职业资格证书，但没有具体规定实际执行中应该得到什么样的职业资格证书，也就是说对于专业教师获得什么样的职业资格证书才算是"双师型"教师这个问题不清楚。师范既已纳入职教系列，其专业实践应主要在小学、幼儿园的教育岗位，"非教师系列的资格证"应明确为"非师范教育系列的教师资格证"，实践主体岗位的"小学、幼儿园教师系列资格证"应在其中并占主导地位。最后，学前教育专业的科学教师很难获得相应的资格证书。师范教育科学教师虽然具备自然科学的教学实践，但由于行业间政策的障碍，特别是学前教育专业的科学教师，想要获得其他行业的专业资格认证，面临着大量的工厂、企业方面的硬性条件限制，或者根本不允许，或者很难获得相应的资格证书。

有学者对省内高职高专 150 名幼儿教师教育者的调查研究发现，在被调查者中，有 29.2% 的学前教师教育工作者从事学前教师教育工作 2 ～ 4 年，18.8% 的从事工作 5 ～ 7 年，13.9% 的从事工作 8 ～ 10 年，38.2% 的从事工作 10 年以上；其中 43.1% 的学前教师教育者无一线教学经历，31.3% 的学前教师教育者有 2 ～ 4 年的一线教学经历，9.7% 的有 5 ～ 7 年一线教龄，4.9% 的有 8-10 年一线教龄，11.10% 的有 10 年以上一线教龄。可以发现，没有一线教龄的学前教师教育者占到被调查者的将近一半。而教师教育者的课堂主要承担引导师范生"学会教学"的重任。在课堂上，学生不仅学习教的知识，还要学习教的技能，掌握教育理念及提高师德，因此，学前教师教育者的课堂教学过程本身也成为教导师范生学习"如何教学"的潜在过程。

三、青年教师教学任务繁重：专业提升陷入窠臼

为解决学前教育专业师资紧缺问题，各高校每年都在引进相应数量的学前专业师资，但是受到学校级别、招聘学历、专业要求以及编制等方面的限制，部分院校师资引进数量非常有限。在招生人数迅速上升而相应师资队伍建设不能及时跟上的情况下，所有的教学工作就由在职教师来承担，尤其是青年教师。以一位高职院校新入职的学前教育专业教师为例，其入职第一学期就承担3门学前教育理论课程的教学任务，周课时量达到20学时。在这种情况下，教师不得不花费大量时间备课、制作课件、批改作业以及完成日常课堂教学任务，而没有精力来提升自我，在很大程度上制约了其专业发展。还有部分高职院校学前教育专业因教师数量有限，使得大部分教师没有固定的授课课程，而是根据系部需要进行随机分工。据调研，有一位受访者也坦陈："因为新课程需要重新备课，准备'五有材料'，所以我们的老教师不太愿意上新课，而新老师则不得不接新课，花大量的时间去备课、准备教案等材料。"

作为高校教师，不仅要做好教学，科研也是其本职工作，然而在当下重科研、轻教学的氛围中作为研究者的身份显得越来越突出，而作为未来教师的教育者角色在教师教育大学化的背景下并没有清晰、明确。也有研究者建议，教师教育者可以从师范生教学入手开展科研工作，将教学与科研有机结合，而在实际实施过程中，却发现着实不易，对学前教师教育者来说，由于缺乏相应标准，科研成果难以获得认可。个体的时间与精力是有限的，如何处理教学与科研的关系成为教师教育者专业发展的难题之一。

本章以湖北省咸宁市作为研究对象，对该市以及附近的乡、镇幼儿园进行了问卷调查和访谈法调研。其中问卷发放为300份，回收了268

份，回收率为89%，在回收的问卷中，有效问卷为215份，有效率为72%。调研显示，截至2020年底，咸宁市城区共有幼儿园大约80所，公办幼儿园占到1/3，学前三年毛入园率为62.19%。另外，笔者还对该市2所公立和2所私立幼儿园的个别教师以及行政人员进行了深度访谈，从幼儿园各类人员学历结构比的总体情况、幼儿园男女教师性别结构评级情况、公私立幼儿园教师劳务关系结构分析、幼儿园教师流动情况四个维度对咸宁市学前教育教师资源配置进行了综合性的分析。

（一）幼儿园教师学历仍然存在较大提升空间

表6-1　该市4所幼儿园各类人员学历结构比的总体评价情况

人员类别	本科	专科	中专
行政人员	35.3%	58.5%	6.2%
教师	27.9%	56.4%	15.7%
园长	43.2%	17.4%	39.4%
中层领导干部	22.3%	18.2%	59.5%

（以咸宁市交通实验幼儿园、咸宁市直属机关幼儿园、咸宁市温泉中心幼儿园、咸宁市国际红缨幼儿园为例。）

从表6-1可见，幼儿教师的学历主要为专科学历，本科学历和中专学历所占比例均远少于专科学历。其中，27.9%的本科学历的教师中约70%的教师的第一学历为专科，其本科学历是工作后进修所得，而且这种现象主要集中在公立幼儿园，私立幼儿园则由于缺乏合格的幼儿教师，较少有进修的机会来获得专业性的发展。同时，调研情况还显示，毕业于学前教育专业的幼儿园教师数量仍然不足，部分幼儿教师学历仍需要大幅度提升。

（二）幼儿园教师性别比例失衡

表6-2　幼儿园男女教师性别结构评级情况

性别	所占比例
男	4.4%
女	95.6%

（以咸宁市交通实验幼儿园、咸宁市直属机关幼儿园、咸宁市温泉中心幼儿园、咸宁市国际红缨幼儿园为例。）

幼儿园教师性别比例失衡不仅会对幼儿的成长产生不利影响，而且会影响基础教育和后续教育阶段的质量和效益。从表6-2可见：咸宁市属于湖北省三线城市，经济发展有待提高，工资待遇不高成了幼儿园聘请男教师的主要困难。同时，有研究显示，我国男性教师占幼儿园教职工总人数不足1%，真正从事教学工作的不足万人。从传统观念层面意义上说，男性在家庭中通常作为经济来源的主力，幼儿男性教师工资过低会直接影响找配偶以及未来家庭的幸福指数。此外，社会舆论以及传统观念的影响使幼儿男性教师处境十分尴尬。这也是造成幼儿园男女教师严重失衡的主要原因。有调查分析，幼儿在幼儿园阶段大部分的活动时间都与女性教师接触，接受男性角色行为的刺激较少，会导致男性幼儿性格偏"女性化"，缺乏"刚性"的一面，形成女性化倾向。如胆小、娇气、讲话嗲气等性格倾向。

（三）幼儿园教师编制少，职称评审制度不合理

表6-3　公、私立幼儿园教师劳务关系结构分析

劳务关系	性质		
	有编制	合同制	临时
公立幼儿园	43.7%	56.3%	0%

续表

劳务关系	性质		
	有编制	合同制	临时
私立幼儿园	0%	88.9%	11.1%

（以咸宁市交通实验幼儿园、咸宁市直属机关幼儿园、咸宁市温泉中心幼儿园、咸宁市国际红缨幼儿园为例。）

2018 年，中共中央、国务院在《关于学前教育深化改革规范发展的若干意见》中明确指出要严格"依标"配备教职工。但从调查结果来看，城镇幼儿园教师编制整体情况不容乐观。由表 6-3 可知，咸宁市幼儿园教师的劳务关系为合同制的占比最高，为 88.9%。另外，公立幼儿园有编制的教师未达一半，私立幼儿园中临时教师约占 11%。

目前，我国幼儿园教师没有独立的编制标准和体系，编制权集中于省级政府，幼儿园教师主要混编于中小学教师队伍，地方政府在编制配置时主要参照中小学教师配置标准。由于地方政府对学前教育的性质和地位认识不足，导致在制定教师编制时，偏重中小学教师编制，造成幼儿园教师缺编或无编。

同时，职称评审和晋升也是提升教师专业水平和职业素质的重要抓手。但我国城镇幼儿园教师评审制度还不完善，参与职称评定的教师数量少，覆盖面窄。未评职称的幼儿园教师比例较高，造成这一问题的根源在于很多地方政府未将幼儿园教师职称评定纳入地方教育发展规划之中，未能充分认识到幼儿园教师职称评定的重要性。幼儿教师编制少，职称评审制度不合理对幼儿教师专业发展造成了一定的阻滞。

（四）幼儿园教师流动情况复杂，教师专业发展空间受限

表6-4　幼儿园教师流动情况

年级段教师流动情况	进修学习	辞职	调动
小班	51.6%	43.2%	5.2%
中班	53%	41%	6%
大班	53.7%	41.5%	4.8%
大大班	55%	43%	2%

（以咸宁市交通实验幼儿园、咸宁市直属机关幼儿园、咸宁市温泉中心幼儿园、咸宁市国际红缨幼儿园为例）

表6-4可见：各阶段学前教育教师进修与辞职所占比例差不多，接近53%的教师由于学校安排以及个人专业发展的需要去其他的地方进修过，其他教师几乎没有参加过培训。同时，笔者还发现，城镇幼儿园教师培训存在不同方面的问题：一是地方政府对幼儿教育的财政投入只能用于幼儿园硬件设施设备和基础建设，对幼儿园教师职后培训经费支持不够；二是幼儿园职后培训机制不健全，政策制度难以有效落实；三是教师参与培训的级别低、参与机会少、培训内容与幼儿园实践相脱离，缺乏有力的内外部监督导致幼儿园教师在职培训处于"无规划、无经费、无机会"的三无状态。从这个角度说，幼儿教师培训机会较少，导致其专业能力提升渠道狭窄，不利于幼儿园教师整体质量提升。此外，还有约为41%的教师由于种种原因辞职。根据调查，辞职的教师大部分是合同制的教师，主要是工资待遇、福利比较差，缺乏发展平台以及因经济上的窘迫而辞职。

第二节　幼儿教育师资配置均衡发展的策略与建议

一、由标准需求向有效需求转向，实现城乡幼儿教育均衡发展

目前，农村幼儿园教师缺口过大，城乡教师比例严重失衡，且呈现逐年拉大的趋势。幼儿园在师资配置上应由标准需求向有效需求转向，注重分类施策，是我国提升各类别幼儿园师资需求均衡化水平的重要路径。具体为：一是通过省级政府制定公办幼儿园生均财政拨款标准，提高幼儿教师薪酬待遇；二是县级以上政府应加大财政转移支付力度，提高公共支出效率支持幼儿园教师培训等事务的举办；三是县级政府将实施工资社保城乡统筹，保障非在编教师最低收入；四是改变政府投入偏好，从偏重示范性转为全面的均衡性，杜绝在经费不足的状况下出现过度投入问题。

幼儿教育均衡化不是强调完全达到相同水平，而是要通过实施政府统筹使各类别幼儿园达到基本的师资需求水平，实现学前教育的均衡发展目标。当前，师资问题是我国学前教育中最大的问题，师资问题的根本不只是在于培养和培训，还在于地位和待遇的提升。

二、幼儿园应进行人力资源管理，综合提高幼儿园的教师队伍的素质和办园水平

人力资源管理，作为一门 20 世纪 70 年代末的新兴学科，是指运用现代化的科学方法，对于一定的物力相结合的人力进行合理的培训、组织和调配，使人力、物力经常保持最佳比例，实现"人尽其才，事得其人，人事相宜"，以实现组织目标。从某种意义上说，是对人力资源外在要素——量的管理和幼儿园人力资本内在要素——质的管理。

第一，在教师的选聘中，重视应聘者的个性特征和专业理论素养，即以先进的幼儿教师观为指导，注重教师的学习能力、个性特点、人格因素以及教育能力和幼教专业的发展潜力等内在因素。虽然，据调查，我国幼儿教师学历水平总体上还是比较低，但是教师的个人主观能动性是教师专业发展的决定性因素，因此，幼儿园在选拔人才的过程中应把眼光着眼于长远利益，重在挑选学习能力较强、个性发展比较突出，能够与同事建立和谐良好的合作关系的教师。

第二，在幼儿园实行人本管理，激发员工创造性。在幼儿园的管理系统中，教师是管理的主体，是幼儿园不可忽视的管理力量。在此过程中，幼儿园应激发教师自我管理意识，充分发挥其"主人翁"作用，使教师的才能得到充分发展。在幼儿教师流失的情况表中可以看出，很多教师在幼儿园没有归属感，幸福指数不高，因此才会辞职，另谋高就。

第三，依法管理，保护双方合法权益。2008年颁布的《劳动合同法》是幼儿园管理法制化的助推器，致力于维护员工和单位的健康和谐发展，幼儿园应该重视和规范合同的管理，不断提升幼儿园的管理水平。从上述表中可以看出，当下幼儿园多为私立幼儿园，教师聘任方式都是以合同制为主，重视和规范合同的管理，维护教师的基本权益以及职工与用人单位的关系和谐发展，关系到幼儿园的健康、良好发展。

第四，在教师的考核上，实行绩效工资考核。绩效考核是分配教师工资的合理依据。我国现在教师的职务水平不高，科研教学动力不够，幼儿园应把教师科研作为绩效考核的重要指标，以科研推动教学，从而推动教师职务的提升。

三、完善幼儿教师资源配置机制

在我国学前教师资源配置的过程中，政府、幼儿园管理主体、市场经济以及幼儿教师这四者贯穿始终。在市场经济、我国学前教育发展的规模以及类型的影响下，四者之间出现了明显的不平衡，直接干扰到了幼儿教师资源分配与利用。在这个过程中，公立幼儿园在选聘人员的过程中，政府应以幼儿园为主，一定程度下放选拔人才的权力，采取先民主后集中的方式来为幼儿园选拔优秀的教师。当前，很多地方政府主要依据中小学教师编制标准来核定幼儿园教师核定数量，而幼儿园与中小学教师职业要求具有很大差异，完全参照中小学教师编制标准是不科学、不合理的。各地政府应根据幼儿园教师职业特征，研究并制定适宜于幼儿教育发展特点的幼儿园教师编制单列政策与管理办法，结合城镇教师编制情况，提高公办幼儿园教师编制数比例。对于地方经济欠发达地区，政府应采取干预配置方式，譬如开展"农村特岗教师计划"、政府出面组织的城镇教师支教制度等。对于私立幼儿园，政府应本着引导、监督加上评估的方式来给私立幼儿园进行政策服务和引导，促使私立幼儿园健康良好地发展，从而做到对公立幼儿园的合理补充。

四、建立学前教育教师优质资源培训共享制度

关于学前教育教师优质资源培训，地方政府要建立起省级统筹、以市县政府为主的财政投入分担机制。政府要多渠道扩展幼儿园教师培训内容，满足不同教龄幼儿园教师的职业发展需求。根据幼儿园教师所处的发展阶段，幼儿园要精准制订"高素质善保教"的幼儿园教师培训计划与方案，为幼儿园教师提供良好的专业支持空间和环境。同时，设立专门的幼儿园教师培训与发展中心，利用城镇信息技术，开展在线教研、在线讨论等活动，建设幼儿园教师培训资源共享平台，利用大数据准确了解幼儿园教师的培训需求，提升培训精准度，构建幼儿园教师培训资源库。同时，建立动态、即时的教师专业发展网络平台，实现资源、信息和经验超时空共享，最大化满足教师专业个性化发展需求。

据笔者调查，咸宁市直属机关幼儿园属于省级示范幼儿园，在当地属于优质的学前教育机构。在该园，每年9月实行"影子计划"，实行优质资源的共享。具体而言，是其他师资较为薄弱的园所推选的骨干教

师到该园进行学习，学习时间长达 3 个月。在此过程中，双方制订出学习的长期计划具体到每个周要完成的学习任务，其具体知识主要是学习该园教师先进的保育、教育有关的专业知识和理念，优质的课程资源的管理与授课经验，户外活动的组织与开展，班级环境的创设与主题活动与区角活动的设计和延伸，国家科研课题的申请与执行等等方面，与兄弟园进行充分的互动与交流，共同支持当地学前教育事业的发展。

第八章　幼儿教师专业发展之高质量职后培养的机制研究

第一节　幼儿教师职后培养问题检视与培养需求

教师专业发展与质量提升议题一直备受社会关注。近年来，幼儿教师培训受到国家重视。2018 年 1 月，《中共中央　国务院关于全面深化新时代教师队伍建设改革的意见》（以下简称《改革意见》）中指出要"建设一支高素质善保教的教师队伍"。至此，"高素质善保教"成为幼儿教师培养的新目标和新要求。2020 年 10 月，《深化新时代教育评价改革总体方案》提到，幼儿园教师评价注重保育和教育实践，将学前教育专业人培养和职后培养作为标准和重要内容。2021 年 12 月，教育部颁布的《"十四五"学前教育发展提升行动计划》中提到"从各方面全面地提升保育和教育的整体质量，提高幼儿园师资团队培养培训质量"。然而，在幼儿教师培训项目开展得如火如荼之际，幼儿教师培训问题也随之凸显，成为当下"高素质善保教"的幼儿教师专业发展与质量提升的瓶颈。

一、当前幼儿教师培训问题检视

（一）幼儿教师培训需求缺乏"个性化"与"层次性"

"个性化"与"层次性"是幼儿教师培训需求的两个关键因素。现今，在幼儿教师培训过程中，培训管理者未能针对幼儿教师自身教龄、职称、学历与专业发展阶段等因素进行个性化培训方案设置，满足幼儿教师个性化培训需求。同时，培训管理者往往会对所有幼儿教师培训需求一视同仁，未能对教师群体作详细的区分与讨论。如我国由于区域经济发展程度不一及城乡结构二元化长期存在，使我国不同区域幼儿教师群体的整体素养不一。部分培训单位在培训之前，未将已收集的幼儿教师基本情况数据与培训需求作一定的讨论，在培训目标与形式上一味追求国家标准，忽略了幼儿园以及社会层面对幼儿教师"高素质善保教"的能力培养需求。幼儿教师培训需求诊断不足，无法开展精准的幼儿教师培训，幼儿教师培训呈现"隔靴搔痒"式大众化、集体化培训形式，一定程度阻碍了幼儿教师通过培训进行专业化发展的主要实践路径。

（二）幼儿教师培训系统"血脉不畅"，缺乏生命力

近年来，学者们关于幼儿教师培训应该关注和重视哪些要素作出了很多探讨。其中有学者认为幼儿教师培训应该构建"教师共同体"的培训模式、以"幼儿教师专业发展支持服务体系"的导向为培训目的，制定培训策略，满足培训需求等。同时，还有一些学者认为培训经费的投入与保障、幼儿教师培训政策分析、国外幼儿教师培训质量保障体系等国际经验的借鉴与反思都是有助于幼儿教师培训的重要因素。

从上述观点可看出，学者们对幼儿教师培训观点不一，他们均从幼儿教师培训的不同视角出发，很少将幼儿教师培训的核心要素构成体系当作一个系统来讨论，使得幼儿教师培训要素之间彼此孤立、结构封闭，培训系统"血脉不通"，缺乏生命力。近年来，虽然幼儿教师培训的政策、制度、经费等要素逐步受到重视，但其这种"外部能量"是暂时的，不足以对幼儿教师培训内部进行"能动循环"。

（三）幼儿教师培训"被安排"与"满意度"评估的矛盾，幼儿教师培训"轨道偏离"

从实践来看，幼儿教师参加培训常常是"被安排"了参训人员、实践与场地、内容与方式等。幼儿教师往往缺乏自我培训意识，"培训工作化、工作培训化"的观念强化了"被动培训"的现状，成为幼

教师培训的常态。幼儿教师"被安排"参与培训，却要主观评价培训效果好坏，这会使部分幼儿教师凭借个人喜好或感性认识进行评价，进而误导培训的组织者，影响培训效果。同时，由于过分追求"满意度"评估，可能造成"我喜欢"的培训才是有质量的培训，使很多教师产生"教师喜欢的培训才是有质量的培训"等念头，忽略了什么培训才是"高素质善保教"培训，进而导致培训有可能偏离轨道，未能有效提高培训的质量。

二、幼儿教师职后培养需求

（一）培训前期培养需求矩阵构建

在培训前期，幼儿教师职后培养需求矩阵可以从横向与纵向两个方面进行构建。从横向方面来看，幼儿教师职后培养需求矩阵可以从幼儿教师培训背景信息、培训输入、培训过程和培训结果四方面的需求进行构建；从纵向层面来看，主要由人员、组织与社会三个层面构成。每一个纵向层面均包含横向层面的四个需求，具体可见表7-1。

表7-1 培训前期幼儿教师职后培养需求矩阵

维度	背景信息	培训输入	培训过程	培训结果
社会	目前幼儿教师培训的现状与存在的问题等。	社会与国家对幼儿教师培训的相关政策的制度、培训资源等。	社会与国家对幼儿教师培训的主题、目标、培训内容以及相关利益人的需求。	整个国家与社会对幼儿教师培训考核、结果评价等方面的需求。

续表

维度	背景信息	培训输入	培训过程	培训结果
组织（幼儿园）	通过不同地区、职务、岗位、学段与幼儿教师关于讲授课程的需求，反映幼儿园参与培训的现状、问题等。	通过不同地区、职务、岗位、学段与幼儿教师关于讲授课程的需求，来反映幼儿园对政策制度、培训资源等方面的需求。	通过不同地区、职务、岗位、学段与幼儿教师关于讲授课程的需求，反映幼儿园对于培训的主题、目标、培训内容以及相关利益人的需求。	通过不同地区、职务、岗位、学段与幼儿教师关于讲授课程的需求，反映幼儿园对培训考核、结果评价等方面的需求。
个人（幼儿教师）	不同年龄、民族、性别、学历等教师参与培训所遇到的问题、机遇与挑战。	不同年龄、民族、性别、学历、教龄等教师关于幼儿教师培训的政策制度与培训资源等方面的需求。	不同年龄、民族、性别、学历、教龄等教师关于培训的主题、目标、培训内容以及相关利益人的需求和培训资源等。	不同年龄、民族、性别、学历、教龄等教师关于培训考核、结果评价等方面的需求。

（二）培训中期培养需求

培训中期幼儿教师职后培养需求矩阵强调以"高素质善保教"为核心理念，由培训理论、培训目标、资源材料、方式策略、相关利益人等五个要素彼此发挥最大效用，共同协作并形成有序结构。具体而言，即以"高素质善保教"为出发点选择确定培训主题，围绕"高素质善保教"制定培训总目标和子目标。根据培训前期对幼儿教师职后培养需求矩阵的分析结果，提供合适的培训材料的与方式、策略。同时，政策制度、后勤服务、资源保障成为幼儿教师培训的"外部能量"，可以调节与助力幼儿教师内部系统的提升。

（三）培训后期认知评估需求

幼儿教师关于培训后期的认知需求包含以下内容：一是幼儿教师专业理念与师德，即幼儿教师职业理解与认识、幼儿教师保育与教育的态度与行为、个人修养与行为；二是专业知识，即幼儿发展知识、保育与教育知识、通识性知识；三是专业能力，即幼儿教师环境创设与利用、一日生活组织与保障、游戏活动支持与引导等三个主要方面的水平。通过培训后期认知评估，幼儿教师有效诊断自身的强项与弱项是什么，需要提高哪些程序性知识与陈述性知识等等。从社会、组织与人员三个层面来看，幼儿教师培训后期认知评估需要凸显"关注个体"评估的特点。同时，幼儿教师培训评估数据更能客观和直接反映出幼儿教师在职业道德、专业知识与专业能力三方面的培训初始水平与培训后的实际水平，还可以具体找出哪个知识点没有掌握或教师在掌握过程中的心理问题。

第二节 幼儿教师职后培养的实践理路

一、制订精准培训计划与方案

诊断和分析幼儿教师培训需求是制订"高素质善保教"幼儿教师培训计划与方案的前提。制订精准培训计划与方案可以依据幼儿教师培训的"需求矩阵"来开展幼儿教师培训需求调查。如不同教师在不同发展阶段对培训过程的需求指标。

新手期幼儿教师侧重于入职适应、教学经验积累等"专业知识"与"专业能力"方面的需求；适应期的幼儿教师有个人教学风格的形成教育活动计划与实施、幼儿发展知识与师德修养等方面的需求；稳定期的幼儿教师则侧重于科研能力、保教知识理论与实践的更新等"专业知识"和"专业能力"方面的需求；停滞期的幼儿教师侧重于个性化培训及有发展机会的高端培训等"专业能力"的需求。2014年《关于实施第二期学前教育三年行动计划的意见》提出要建立满足不同层次和需求的培训体系。这为幼儿教师"需求矩阵"的诊断分析及"高素质善保教"的幼儿教师培训计划与方案的精准制订提供了政策支持。以"需求矩阵"为前提，将培训需求按社会层面、组织层面以及人员层面依次排列。

第一，采用网络问卷、电话等对学员信息等相关资料的文本分析来调研幼儿教师培训需求。对每一位幼儿教师、每所幼儿园以及社会层面需求进行记录工作。

第二，区分和判断幼儿教师"需求矩阵"中的"共同需求"与"个别需求"，建立幼儿教师培训班级档案，形成幼儿教师班级需求档案。

第三，将"共同需求"相应的培训主题、资源材料、师资以及后勤保障等纳入幼儿教师培训计划方案的必修项目。"个别需求"相应内容可作为选修项目或自主研修项目。

第四，反思与对照已制订的幼儿教师培训计划方案是否满足了幼儿教师"需求矩阵"中的前提原则及幼儿教师培训的"共同需求"与"个别需求"。

二、激发幼儿教师"能动学习"

幼儿教师"能动学习"是幼儿教师在培训中获得专业成长的核心要素，要激发幼儿教师在培训过程中的"能动学习"，需要将培训主题具体化，即培训目标在一定的环境下需要体现行为主体的行为及行为主体应达到什么样的水平。首先，要根据幼儿教师参加培训的调查结果，优先实施与社会、组织和人员需求相一致的培训内容。其次，实施组织要根据不同发展阶段的幼儿教师需求安排培训内容。有调研发现，在"高素质善保教"的幼儿教师培训过程中，讲授法和自我指导法（阅读指导、网络学习）等对"专业知识"获取的效果最好；行为示范法与现场法等传递方法对"专业能力"中的技能习得与行为转变有较好的促进作用。此外，如头脑风暴、世界咖啡、案例研讨与主题辩论对专业的理念与师德、专业知识、专业能力都有较好的促进效果。可见，针对各地区的培训实际情况选择适当的教学方法与上述三方面的能力水平提升有密切联系。在整个培训过程中，幼儿教师培训相关利益人的参与、互动与协调等激发了幼儿教师的"能动学习"。

需要注意的是，一是幼儿教师的能动学习应是在幼儿教师培训系统中幼儿教师培训相关利益人之间的协作，使幼儿教师有机会感知和获取专家的思维与认知等策略性知识。二是在幼儿教师培训过程中，教师与学员之间的联手与协作，有利于促进幼儿教师在"最近发展区"内搭建自己专业发展的"脚手架"，使幼儿教师的知识与技能不断得到反思、修正、内化与迁移。三是，经过培训，幼儿教师高度参与培训计划与方案的制定，专业理念、知识与技能的培训，促进了幼儿教师在专业理念与师德、专业知识与专业能力四方面的深度学习和探究，激发并鼓励了幼儿教师能动学习，也更有利于"高素质善保教"的幼儿教师培养目标的实现。

三、监测幼儿教师认知过程与水平

幼儿教师培训过程中应及时对学员作认知评估，一方面可以帮助培训者与培训对象清晰认识自身优势与不足，精准测量幼儿教师能力的进步与提升情况，全面考察幼儿教师的高阶与复杂思维能力。另一方面通过更加准确测量幼儿教师的真实知识与能力水平，拓展了幼儿教师培训的评估方式。同时，关于幼儿教师培训的认知评估结果还为后续的跟踪培训制定补救策略提供了客观信息。幼儿教师培训认知评估可分为以下几个步骤。

第一，确定幼儿教师培训的认知诊断目标和幼儿教师诊断内容。包括幼儿教师专业理念与师德：职业理解与认识、幼儿保教能力、个人修养与行为。

第二，认知评估检测测验编制。培训组织可以对幼儿教师具备的专业理念与师德、专业知识、专业能力的诊断测验进行编制，然后小范围进行测试，以验证其属性与阶层关系间的合理性。

第三，大规模测试和诊断信息获取。试测合理后，可对参与培训的幼儿教师进行大规模测试，并获取诊断信息。

第四，形成诊断结果与补救措施。结合幼儿教师培训相关的认知诊断评估，形成参与培训的幼儿教师宏观能力水平（定量）与微观认知属性（定性）测验的个体报告，以及幼儿教师群体的团体报告。

第九章　非幼儿教育专业教师发展之补偿培训模式研究

第一节　非幼儿教育专业教师发展之补偿培训的内涵与需求分析

一、非幼儿教育专业教师发展之补偿培训的内涵

幼儿教师专业发展是教师在职业生涯中持续成长、不断吸收新知识、提升教师专业能力的过程。2018 年，中共中央、国务院明确提出对"非幼儿教育专业教师进行全员补偿培训"。这是我国全面深化新时代教师队伍建设的一项重要举措。非幼儿教育专业教师补偿培训是针对非幼儿教育教师发展需求进行分析，本着"缺什么补什么"的基本思路，又要不囿于补缺，做到"补缺"与"提升"同时进行。补偿培训既要有基础培训，又要有提高性的专业训练；既要有前沿的教育理念，又要有教学技能，还能满足非幼儿教育专业教师自身可持续发展。"十四五"规划建设高质量教育体系，其中"教师教育与培训"是关键词之一。2021 年 12 月，教育部颁布的《"十四五"学前教育发展提升行动计划》中提到"从各方面全面地提升保育和教育的整体质量，提高幼儿园师资团队培养培训质量"。2022 年 2 月，教育部发布《幼儿园保育教育质量评估指南》，通过五个方面四十八条考察点为评估指标，引导幼儿园高质量发展。

2020 年国家教育统计数据显示，截至 2020 年，幼儿园教职工总人数为 519.82 万人，专任教师 291.34 万人，其中专任教师专科学历人数最多，为 170.55 万人，本科毕业人数为 76.48 万人。由于幼儿教育属于非义务教育阶段，幼儿教师专业背景复杂，大多数教师因转岗、进修

或者招聘入园，教师学历偏低、专业程度不高，部分教师在专业教学理念、教学能力、专业品质方面能力不足。"高质量教育体系"对幼儿园教师职后培养有了更高的要求。学前教育的发展，教师培养是关键，幼儿教师培养在学前教育发展的过程中不可或缺。非幼儿教育教师专业补偿培训是着眼于幼儿园，提升非幼儿教育专业教师职业道德、更新教育教学理念、优化教师专业知识结构、提升教师教育教学能力的培训。

二、非幼儿教育专业教师发展之培训需求分析

（一）专业教学理念缺失

《幼儿园教师专业标准（试行）》指出"幼儿园教师是履行幼儿园教育工作职责的专业人员，需要经过严格的培养与培训，具有良好的职业道德，掌握系统的专业知识和专业技能"。专业知识和专业技能是幼儿教师专业教学理念的核心，主要包含传授知识、培养幼儿独立生活的技巧与能力、启迪其智慧、教化其人格实现和谐发展的理念与智慧。教师的生命意义在于改变人、社会与自然，反过来又改变自身。从幼儿的改变看，教师可促使幼儿不断获得新的生命成长，不断形成幼儿全新的智慧生命、意义生命、价值生命和道德生命，最终获得全面解放与自由。如今，有些幼儿园教师在日常的教育教学中，缺乏专业的教学理念，将自己的专业教学理念限于一种基本"维持"状态，未能在教育研究上"更新"自己。如某中班幼儿正在进行区域活动，这时一只蝴蝶飞了进来，引起了幼儿的注意，幼儿一拥而上看蝴蝶。这时教师却说道："我有让你们看蝴蝶吗？不想玩区域活动了是吧？"通过上述案例可以看出该教师专业的理念和态度处于传统教育状态，忽视了幼儿探索的好奇心，对幼儿教育专业知识与幼儿身心发展不够了解，缺乏正确的教师观与教育观。幼儿教师在教学过程中鲜少思考教学活动是否存在"沟通"与"合作"、是否创造性使用教材与多媒体课件、是否在教学中存在着"硬

伤"、教学能否迸发出智慧的火花、幼儿的个体差异性是否充分体现在教学之中、教学过程中是否存在"伪探究"等。

案例 8-1

班级植物角

幼儿园每个班级门口都有自己的植物角，一般里面都会种上绿萝、多肉、向日葵等植物。教师会在每个小盆栽上贴上班级幼儿的名字和植物的名称，之后保育员会不定期地给植物浇水，或将植物端到别的地方晒太阳，最后等到植物发芽、开花时让孩子进行观赏，有的幼儿会偶尔去看一下自己的绿植有没有发芽，有的则兴致不高。

案例评析：

植物角是对幼儿进行科学教育的途径之一。在种植活动中，教师应根据大班和中班的幼儿不同的发展水平，选择有差别的教学理念与方法带领幼儿种植一些植物，但案例中教师仅让幼儿观察植物，忽略了幼儿的内在体验。值得注意的是，教育者只让幼儿观察植物，没有让幼儿种植植物与照料植物，很大程度上降低了幼儿劳动教育活动中的科学体验，无法培养幼儿对植物的热爱之情。

（二）专业教学能力不足

教育教学能力是教师关于教学新问题与方法等认知与实践方面的能力。当前，有些非幼儿教育专业背景教师在教学的有效性提升、如何科学合理评价幼儿、主题教学的设计与实施等方面缺乏整体性。教师专业教学能力是当今幼儿教师改革的主旋律，是实现幼儿园高质量发展的主要途径。不难洞见，教师的专业能力是长期积累、复杂的过程，而非若干要素构成的"简单复合"。

幼儿教师专业能力体现在对于幼儿学习过程中的需求分析、教学目标的确定、策略的选择、多媒体的运用与课堂口头表达、交流沟通、展示与观察能力。关于教师专业教学能力，既需要"在场"的相互作用来解释，也需要"不在场"的相互作用即不断反馈的发展过程来解释。教师"在场"专业教学能力的相互作用主要指幼儿园办园理念、思想、制度以及课程、教学等相互作用的影响因素；"不在场"因素主要指幼儿园文化、特色、优势与品牌。教师的专业能力需要从"在场"与"不在场"因素进行解释，形成自身教学整体素质能力。如今，很多幼儿教师在开设课程上缺乏对幼儿园课程的组织、实施和评价来诠释幼儿园课程的价值与意义，使幼儿园课程等同于小学课程，幼儿在幼儿园的学习中缺乏专业的指导与引领。如某幼儿园大班开设课程具有一定的小学化倾向，教师在教幼儿拼音、识字、计算等知识的教法上采取传统授受模式，很少结合游戏和体育活动来丰富课程形式。这样一年下来，幼儿不仅成绩明显下滑，且班级幼儿升入小学后，学习积极性不高。在这个案例中，由于教师缺乏专业教育背景，对幼儿的身心发展规律了解不够透彻，未能很好地将游戏作为基本教学形式融入教学活动中。

（三）专业品质不高

专业品质反映了教师应有的理想追求、道德规范与伦理要求等基本的价值取向，是做好幼儿教师工作的重要保障。它不仅影响教师的教学、教育行为，而且对教师自己的学习和成长也有重大影响。现今，由于幼儿教师薪酬待遇不高，部分教师因为没有编制，导致部分教师工作责任心不够，对幼儿缺乏一定的爱心与耐心。

案例 8-2

小班幼儿乐乐（化名）午睡事件

某幼儿园小班幼儿乐乐（化名）性格活泼，容易兴奋。每天幼儿园中午午睡时间到了，他总是不能和其他幼儿一起很快入睡。相反，他没有睡午觉的习惯，因而一到中午，教师都拿他没有办法。刘老师是新入职教师，对乐乐的情况缺乏了解，关于乐乐中午没有按时睡午觉的事情，刘老师采取惩罚的方式将乐乐关在门外，让其独自面对自己的错误进行反省。

案例分析：

由于时间正值冬季，乐乐（化名）站了半个多小时，回去就感冒发烧了。家长在询问乐乐的过程中了解到刘老师的做法，非常气愤，便来到幼儿园与其发生争执。这给幼儿园在协调家长与教师之间的关系上造成了一定的难度。在该案例中，刘老师对于乐乐不睡午觉采取罚站的方式进行处罚。该方式在一定程度上损害了幼儿的身心健康。乐乐不睡午觉，教师应积极引导，采取措施让其平静心情，尽量入睡，而不应该幼儿独处室外，以免发生意外事件。此外，教师还应和家长沟通，配合幼儿园将乐乐的生物钟、睡午觉习惯及时调整，共同商讨对策帮助幼儿习惯幼儿园的午睡安排。

第二节　非幼儿教育专业教师发展之培训原则与培训目标

一、培训原则

（一）针对性原则

非幼儿教育教师专业补偿培训必须符合幼儿园发展战略，解决幼儿教师成长的普遍性问题，既可以是教学能力普遍性的提升，也可以是针对新教学形式和问题的集中研讨，不可泛泛而谈，不针对任何问题，随意安排培训，使教师丧失参训兴趣，甚至抵制教学培训。

（二）问题中心原则

培训应紧紧围绕幼儿教师的实际状况和发展需要。以"问题"为中心，共同学习并解决教师自身问题。培训应根据教师在实际工作中出现的具体问题进行内容选择和设计。如教师关于信息化发展带来的对新的教学形态不熟悉等问题，可进行慕课、微课和线上线下混合教学模式等教学内容的设计等。每次培训正视具体明确的问题并力图解决这些问题，才能吸引教师主动参与。

（三）系统性原则

幼儿园应依据发展规划，针对教师专业发展方向及教师专业发展问题和未来问题，在进行归类的基础上，有计划、有目的地确定某一阶段的培训主题。既着眼当前，又关注未来，进行总体设计与规划，避免"头疼医头，脚痛医脚"地确定培训内容。

（四）开放性原则

培训既可以在本园进行，也可以通过跨园联合进行，实现资源共享，尤其是对于地理位置相对集中的高校更适合联合培训。培训的教师既可以是校内的教师，也应该有适当的校外专家，避免教师培训的"近亲繁殖"。

二、培训目标

（一）年度目标

1.幼儿教师发展目标

本项目培训课程以非幼儿教育专业教师发展为主线，全面提升非幼儿教育专业教师教学能力、业务能力等方面的综合质量，促进其专业发展、素质提升，促进教师专业成长。

2. 建设学习型幼儿园组织

学习型组织特点主要表现为：第一，组织成员拥有共同价值追求；第二，组织由多个创造性个体组成，善于不断学习（终身学习、全员学习、全程学习、团体学习）；第三，组织实现自主管理；第四，组织的边界将重新界定；第五，员工家庭与事业平衡，不以牺牲家庭为代价成就事业；第六，领导者充当设计师角色，不必事必躬亲。如果幼儿园放眼全园管理发展大视野，只有使幼儿园成为学习型组织，教师的成长和幼儿园发展才能最大限度实现。非专业教师补偿培训必须有意识设计有利于促进学习型组织形成的培训目标。

3. 提高幼儿园办学效益

幼儿园的生命力在于人才培养质量，人才培养质量取决于教师的水平。因此，建立高质量的教师队伍，提高办学质量和效益（投入产出比，最终促进幼儿发展），是幼儿园关于非教育专业教师补偿培训的最终目的。任何一个教学培训都应该关注教师的成长，服务于幼儿园的发展。

（二）周期目标

1. 专业理念和师德目标

幼儿教师一是要具有良好的职业道德素养与职业价值观。二是要具备健康乐观的处事态度、团结协作的精神与科学的幼儿教育理念。专业理念是教师作为一专业工作者对自身工作理解、认识与态度的总和；师德是教师进行教育、教学工作，处理各种关系与问题时应该遵循的道德准则和行为规范，包括教师的道德品质、思想信念、对事业的态度和感情、有关行为习惯等。

2. 专业知识与能力目标

幼儿教育专业知识具有一定的厚度与广度，教师应掌握儿童身心发展与学习的基本规律、理论与各类教育活动的基本知识。幼儿教育专业教师的专业能力要突出与岗位的适应性，因此教师应具有较强的保教结合能力，较强的课程设计、活动组织、评价和初步的科研能力。

第三节　非幼儿教育专业教师发展之课程模块设计

幼儿教育教师培训课程以《十九大报告》《幼儿园工作规程》《幼儿园保教工作常规检查制度》《保教质量评估制度》《幼儿园一日生活常规细则》等为依据，以提高非幼儿教育专业教师教学技能为核心，在调查研究的基础上设计目标定位明确、满足学员需要、结构合理的培训课程体系。在课程设置的结构体系方面，围绕保教结合根本任务，以促进教师专业发展为主线，通过主题式培训，坚持集中学习与跟岗研修相结合、理论培训与实践提升相结合、教学与教研相结合等方式，对非幼儿教育教师进行为期 30 天（10+14+6）的培训，设置"职业感悟与师德修养模块——幼儿教育专业教师职业道德与幼儿园法律问题""幼儿教师保育与教育知识的掌握与班级管理素质提升——保教结合与班级管理能力""幼儿教师教学科研能力提升——教学设计与班级指导""名园考察与经验交流"——"省内集中与跟岗实践"四个维度，每一维度设计若干课程模块，每一课程模块设计若干专题。

一、职业感悟与师德修养方面

"幼儿教育专业教师职业道德与幼儿园法律问题"理论学习模块分为：1.幼儿教师职业道德专题；2.幼儿园教师班级管理艺术的理论与实践问题；3.探讨与分析幼儿园法律理论与实践问题专题。

二、幼儿教师保育与教育知识的掌握与班级管理素质提升

"幼儿教师保育与教育知识的掌握与班级管理素质提升"理论培训与发展模块主要内容为：1.聘请一线的幼儿教师、领导以及专家对教师进行幼儿保育与教育结合发展为主要专题、探讨幼儿生活、语言、科学、健康、社会五大核心领域的综合课程改革与教学创新；2.幼儿教育专业教师班级管理专题；3.幼儿教育专业教师发展专题；4.幼儿教育专业教师心理健康与压力管理专题；5.家庭与幼儿园共育工作指导专题。

三、幼儿教师教学科研能力提升

"幼儿教师教学科研能力提升"模块主要内容为："幼儿教师教学科研能力提升"开发实践。主要表现为：1.如何对幼儿园课程资源进行综合整合和设计专题；2.幼儿园游戏活动组织能力专题；3.幼儿园教育与艺术活动设计专题；4.幼儿园环境创设与利用专题讲座。

四、"名园考察与经验交流"——省内集中与跟岗实践

"名园考察与经验交流"影子实践讲课与艺术技能竞赛模块专题为：1.访问优秀幼儿园文化建设方案，参观幼儿园文化建设布局，了解该幼儿园文化建设特色；2.教学技能展示与竞赛；3.培训反思与结业设计；4.课堂观察反思；5.与一线教师的对话与交流专题；6.专业生涯设计与职业规划。

总体上说，幼儿教育教师培训各大模块基本处于承上启下的状态

中，模块之间形成规模与连环效应，每一个模块基本上按照参训教师职业发展阶段，分类分层设计课程，课程逻辑较为清晰且实践性强以确保培训教学预期目标实现。非幼儿教育专业教师补偿培训既要针对幼儿园整体发展，也可以针对教师个人发展，在进行培训设计时，能较好针对幼儿园问题和园内教师的实际情况，特别是对非幼儿教育专业教师、职称评定教师采用分级、分类的培训模式，满足个性化发展需求，既可以做到缺什么补什么，也可以在此基础上有所提升，从而满足不同水平教师的需求，让每个教师有所收获和发展，做到各有所获、各得其所，提升非幼儿教育专业教师教学质量。（具体见表 8-1～表 8-4）。

表 8-1 培训模块一：幼儿教育专业教师职业道德与幼儿园法律问题

培训课程与内容		
时间	培训课程（理论讲授）	师资
08：00—08：20	签到。	班主任
08：20—09：20	开班典礼。	主持人
09：30—11：00	破冰与团队熔炼，班主任介绍培训活动内容，宣布培训纪律，宣布班组长名单。	班主任
11：00—11：30	全体合影留念。	班主任
职业感悟，实践认识。		
14：30—17：30	问题思考	幼儿教育现状以及存在的问题	教育行政部门领导、专家讲授
		幼儿教育教师职业道德。	专家讲授
		幼儿园法律问题实践认识。	专家讲授

表 8-2 培训模块二：幼儿教育专业教师保育与教育、班级管理素质提升

时间	培训课程（理论讲授）	师资
14：30—17：30	1. 讲授幼儿教育专业教师保育、教育知识专题 2. 讲授保育与教育互相渗透，结合并相互影响专题。	特邀专家、省级示范幼儿园园长。
14：30—17：30	1. 针对现实案例积极探讨与交流。 2. 幼儿园教师班级管理原则专题。	特邀专家、一线幼儿园教师。

续表

时间	培训课程（理论讲授）	师资
14：30— 17：30	1. 幼儿园教师班级管理方式与方法专题。 2. 幼儿教育专业教师心理健康与解压管理互动交流。	特邀专家、 一线幼儿园教师。
	1. 家庭与幼儿园共育工作指导专题。 2. 交流、探讨幼儿教育专业教师发展。 3. 问题专题。	特邀专家、 一线幼儿园教师。

表8-3　培训模块三：幼儿教育专业教师教学、科研能力提升开发

时间	培训课程（实践课程）	主持人
14：30— 17：30	1. 专家讲授幼儿园对幼儿五大领域课程资源的整合和设计专题。 2. 专家讲授幼儿园游戏活动组织专题。 3. 专家讲授幼儿园艺术与环境创设、利用专题。 4. 互动讨论。 5. 专家总结。	特邀专家、 园长、一线教师。
14：30— 17：30	1. 学员分组。 2. 布置学员准备课程设计或游戏专题材料（PPT），进行模拟教学活动。 3. 专家与一线教师与园长进行点评与交流。	特邀专家、 园长、一线教师。

表8-4　培训模块四："名园考察与经验交流"影子实践与艺术技能竞赛

时间	培训课程（实践课程）	师资
14：30— 17：30	访问优秀省级示范幼儿园、参观考察名校，内容包括：学校办学理念、课堂教学、教育成果、场馆及硬件、校园文化、教师素质、家校合作、安全教育、校务公开等。	特邀专家、 名园校长代表。
14：30— 17：30	与一线教师就班级管理、教学讲授以及课程资源设计等专业问题进行交流。	特邀专家、 名园校长代表。
14：30— 17：30	1. 培训学习、经验交流。 2. 结业仪式。 3. 颁发结业证书。	特邀专家、 名园校长代表。

第四节　非幼儿教育专业教师发展之课程培训内容

一、师德师风

人源自动物，却不是一般意义上的动物。其主要区别在于人有理性，能够适应和改变生存环境，成为"万物的尺度"。然而，人的理性是有限的，究其原因是人不能完全拒绝物质世界的诱惑，也不能彻底抵抗精神世界的引诱。人始终存在于有限与无限之间，永远行走在从有限通往无限的大道上。这是人的不确定性所在，也是人的可塑性所在。正是由于人性在有限与无限之间，昭示着人性是可改变的和可发展的，而教育是改变与发展人的关键因素。作为教育中的教师，良好的师德风范是首先必须具备的职业操守。好笋出好竹，好师出好徒。师德是一面镜子，幼儿教师良好的思想、信念、道德对幼儿的成长产生着潜移默化的积极影响和教育作用。教师高尚的师德与师风具体表现为真心热爱幼儿，将爱付诸教育各环节中，促进幼儿的全面发展。幼儿是全面发展并有个性的人。这里的"全面"与"个性"并不矛盾。"全面"不是一个量的概念，实质上就是幼儿个性的发展，全面发展与个性发展两者存在内在统一性与一定程度上的同质同构性，即真正的幼儿个性化的全面发展。

二、职业价值观

幼儿教育工作者的职业价值观是依据职业自身和社会的需要，教师建立具有概括性和动力作用的信念系统。作为一个教育工作者能够超越物质追求，关注自我发展、精神价值与内在尊严与快乐的生命价值，其职业价值才可能得到不断激发与释放。

（一）确立新的幼儿观

新的幼儿发展观要求教师要从"目中无人"转向为"目中有人"的幼儿观。传统教育下的幼儿观，教师往往"目中无人"，在没有充分了解幼儿身心发展规律的前提下，依据自己的判断对幼儿实施教育内容与教育方式，无视幼儿具有一定的"未完成性"或"非特定化"特点。幼儿的"非特定化"特点决定幼儿是一种不完善，具有不确定性的发展个体。正是由于幼儿存在未确定性的发展，因此可发展性要远强过于成年人，可以无限发掘。从这个角度上讲，人的潜力具有无限性。人的潜能可以被无限挖掘，但也有一定的阈限与边界。从这个角度说，人具有超动物性和社会性，孤立的一个人在社会之外进行生产是不可行的。

幼儿成长与发展的过程中是一个社会化的过程，是作为人的理性与释放人的本质力量的过程。但是，社会化并非绞杀人的动物性，而是由人的理性主导人的感性。幼儿是理性与感性的统一体。作为幼儿教师，要发展幼儿的理性，但不能遏制幼儿的非理性与激情。在幼儿教师新的幼儿观的背景下，教师是培养幼儿情感方面的品质，特别是幼儿之间关系中的感情品质的中间人。情感是教育的灵魂，是教育的智慧，是教育活力的内在驱动力。在新的幼儿观下，教师要热爱与尊重儿童，通过多种教学活动形式对幼儿进行自然的教育。幼儿作为自然的一部分，教师要按照人与自然的整体生发、人与自然和谐共处的生态原则，寓教育于幼儿园的一日活动之中，因材施教，有目的地引导幼儿吐故纳新，不断学习。

（二）树立敬业爱岗的精神

幼儿教师应敬业爱岗，科学组织幼儿一日生活，认真执行生活规程，寓教育于生活之中；教师须具备职业道德，为人师表，以身作则，对待幼儿要耐心启发诱导，不得体罚和变相体罚；做好家长联系工作，发放好家园联系册，向家长宣传家庭教育知识，争取家长的协助和配合。教师敬业爱岗的精神需要贯穿在教师一日教育活动中，如幼儿之间出现某种矛盾、冲突，幼儿教师可以在矛盾中反思："从这个冲突中，我能让幼儿学到什么？"以有利于幼儿长远发展的方法引导他们在冲突中学习，而不只是教师了解"发生了什么事情？"尽快结束纠纷。

（三）保育与教育

保育与教育是一个整体概念，"保"和"教"是教育整体的不同方面，"保"是保护幼儿健康的教育，简称保育。保育的内涵十分广泛，涵盖幼儿身体、心理与社会等方面。身体方面指预防疾病；心理方面包含培养幼儿良好的情绪，注重其健康、积极的情感培育；社会方面是在培养幼儿探索环境、适应社会的能力的基础上培养幼儿良好的交往能力。"教"即幼儿园的教育。它是有目的、有计划地对幼儿进行德、智、体等方面发展的教育。如培养幼儿自主进行饮食、睡眠，帮助他们养成良好的生活习惯；发掘幼儿积极的情感和形成良好的个性品质。在保育方面，应侧重对幼儿教师讲授如何培养幼儿良好的生活卫生习惯和进餐习惯如何进行保证幼儿的户外活动量、积极做好幼儿的安全防护等保育健康教育工作。社会性教育，要求对幼儿进行自我防护意识教育。另外，还应积极实施素质教育。教师应创造适宜的教育机会和条件，促进幼儿富有个性地发展。在幼儿的发展过程中，品德教育是幼儿教育的起点与重点。它包含培养幼儿爱祖国、爱国旗的情感。由于幼儿教育的特殊性，保育和教育二者之间是密切联系，相依相存的。教师需具备保教结合的能力。如中A班孩子的午睡状况都很好，每天孩子午睡起床后，保育教师利用午睡起床时间，针对幼儿的年龄特点，安排幼儿合作叠被子活动，开展生活技能技巧的教学。这在一定程度上体现了保中有教，教中有保的幼儿教育理念。

（四）综合教学

综合教学能力包含教师观察能力、信息技术能力、教学研究能力、语言能力、组织教学能力、艺术表现能力、学习能力、创造能力与评价能力等。观察能力是教师了解幼儿、获取信息的主要途径，它可以建立在现代信息技术运用的技术之上辅助教师观察与评测幼儿，也可以通过构建智能化的教学训练系统，以教学评价系统开发为核心，设计教学质量与教学实践能力的评价系统，实现与教学技能测试系统的无缝对接。

在教师教育工作中，教师需要具备一定的教学研究能力，时常运用在线观摩平台反思自己的教学方法与教育内容是否符合幼儿的兴趣与需要，有效提升自己的教学质量并促进幼儿的成长与发展。同时，教师必须具有良好的口语表达能力，和幼儿沟通注意浅显易懂，生动形象，并通过表情、手势以及运用实物等，让教师语言艺术能力充分展现。如体育教育中的拍球游戏。拍球是一项室内与室外两种场所都可以进行教学的活动。教师需要根据幼儿的兴趣特点设计活动方案来激发幼儿对拍球的兴趣，主动地参与到活动中来。幼儿喜欢在同伴面前展示自己的才能，创新拍球方法激发了幼儿的创造力。教师在拍球的过程中认真观察幼儿，集中让不同幼儿的拍球方法逐一展示在同伴面前，带来幼儿拍球的创新拍法。教师还可以结合网络搜寻关于拍球的最新知识与方法传授给幼儿。未来是学习型社会，知识更新与创新频率不断加快，教师须具备较强的学习能力终身学习，自我教育，适应社会的发展与满足幼儿的迫切需要。当今社会处于信息化飞速发展时期，学习形式呈多样化发展，教师应不断思索幼儿教育与社会、幼儿教育与幼儿之间到底有怎样的联系。长期以来，教育一直传授受教育者一套终身受用的知识与技能，却在一定程度上忽视受教育者如何生活、学习与创新。学习型社会对于教师教育改革无疑是彻里彻外的。在教师外在的学习形式上，学习型社会通过互联网模式拓宽了教师学习的方式与样态，在学习的内容上也改变了教师传统授课的内容与方式，强调教师学习的主体性、责任性与能动性，实现教师人生与职业价值的需要。

（五）班级管理

1. 生活管理

第一，学期（学年）初的工作。填写幼儿家庭情况登记表；家访并调研幼儿家庭教养情况；安排幼儿个人用品；初步布置班级环境；观察幼儿一日生活的言行举止；制订班级幼儿生活管理计划与措施。第二，学期（学年）中的工作。履行生活管理的职责；做好来园或离园的交接记录；保管好幼儿生活用品；做好清洁工作和各项设备的安全检查；调整本周幼儿生活管理的工作内容与措施；观察幼儿生活行为；对幼儿疾病、传染病情况予以登记。第三，学期（学年）末的工作。汇总平日对幼儿生活表现记录；总结班级幼儿生活管理工作；向家长发送幼儿在园生活情况小结。

2. 卫生管理

第一，保健教师应坚持每天晨检，做到一看、二摸、三问、四查。保健教师应定期检查厨房、厕所消毒情况；第二，保育员要经常冲洗厕所，保持环境整洁卫生；第三，保健教师要妥善保管好药品，采取各种形式向家长进行防病、卫生保健常识的科学宣传。

3. 教育管理

第一，开学初工作。结合家访和对幼儿的观察分析，根据幼儿情况及班级条件，制订详细的幼儿教育计划。根据教育教学计划，征集幼儿绘画、手工材料、卡片、游戏工具等。第二，学期中的教育常规管理。强化主班与配班教师的决策以及协调水平，坚持"为幼儿发展服务"的思想，营造学习和生活的良好氛围。第三，学期末工作。做好幼儿全学期的评估工作，写好幼儿情况小结。完成教师自身的评估，教育活动剩余材料的清点与登记。

（六）教师教研工作

教研室主任应深入教学第一线，定期到各班听课和抽查班级工作计划实施的情况，对各班级的检查每月至少要 1～2 次，各年级教研室主任要有 2 次以上的下班记录；统筹安排各课题活动的具体时间，以便互相观摩、评议。期末撰写阶段小结和总结报告。科学的教学教研活动是以"学科主体驱动"的方式进行的，从问题发现到课题研究，完成选择、建立、设计、实施和总结。由于幼儿园教育教学方法研究活动的形式化、随机性与缺乏系统性，幼儿教师教研有利于弥补幼儿园教师个体进行研究力量的不足，营造一个较强的幼儿教学教研模式工作氛围，促进幼儿教师教学设计研究活动的有效发展。在此过程中，幼儿教师不断通过学习、探讨与研究来明确未来工作的方向和目标，并利用新的研究理念、方法来指导教育和教学。

（七）家长工作及社区工作

每学年举行家长开放日、家长讲堂，教师到幼儿家中家访等活动，并做相关活动记录。幼儿园的家长与社区工作形式也是可以多种多样的，教师不必拘泥于某一种形式去开展。一般而言，幼儿园的家长工作可以分成：家长课内与课外讲堂。家长课外讲堂可以利用节日、种植、手工、主题活动和一日生活邀请家长与幼儿进行互动的幼儿亲子教育。在劳动节、感恩节、中秋节、植树节等节日中，教师可邀请家长来园参加亲子活动，如中秋节家长可以给幼儿讲述关于节日的故事，并一起分享制作月饼的乐趣；感恩节家长可以在家里引导幼儿做一些力所能及的家务事，体验做父母养育子女的不易。家长课内讲堂可以由家长自愿根据自身工作性质、兴趣与爱好，给幼儿分享一些知识。如消防知识、安全知识、自然科学知识、艺术类插花与剪纸知识等。社区工作主要表现为教师引导幼儿参与社区事务与活动。如教师可以带领幼儿去敬老院看望孤寡老人，或者参与社区里志愿者活动，如打扫卫生、参加社区文化体育活动，让幼儿感受到社会集体的力量。总而言之，家长与幼儿教师在不同的形式中引导幼儿通过动手和动脑，给幼儿营造良好的教育环境，不断促进幼儿的健康成长。

（八）环境创设

第一，幼儿园环境创设应符合幼儿年龄特点。幼儿园环境创设应注意不同年龄段，儿童的不同活动需要和不同发展水平。如托班"我喜欢幼儿园"的环境创设：托班幼儿在刚入园时产生分离焦虑，在环境的创设上，可以安排和"我的母亲"有关的图饰。另外可以装饰一组展示栏"我的宝贝"：幼儿可带一种自己最喜爱的玩具并与其他小朋友分享，努力增加幼儿对班级的熟悉感以及安全感。由此可知，在挑选环境的内容时，教师应更多地考虑儿童年龄阶段特点与教育价值。

第二，幼儿园环境创设应展示幼儿的创造美。幼儿园环境创设应能够引发幼儿之间的互动、教育、对话功能。教师在环境创设的规划、布置等步骤上应尽可能让幼儿参与，体现教师对幼儿的信任、尊重。幼儿参与环境创设的形式有以下内容：一是融合。教师引导幼儿成为环境创造的主人，在此过程中教师应充当观察者、促进者、示范者。如中班幼儿主题活动"我知道的春节"，教师可从幼儿的兴趣点出发，让幼儿在分享交流与倾听的过程中了解春节相关文化与知识，教师可做撕纸作品等，带领幼儿提前沉浸到春节的热闹氛围之中；也可激发幼儿的回忆，让幼儿回忆春节做过的趣事等。教师还可以将春节听到的歌曲演奏出来，和小朋友一起分享，让幼儿能够感受到人与人之间的真实感受。在这个过程中，园本化环境的创设也得以实现。二是留空。布置环境是动态过程。幼儿对"半完成"环境创设更感兴趣，教师可以给孩子留出创造的空间，根据幼儿的需要不断改善环境，使主题不断深化。

　　第三，幼儿园环境创设应展现环境创造的形式美。幼儿园环境的创设反映的是一种动态、持续的发展活动。然而，一些教师注重方便，只用粉刷简单布置幼儿园园内墙面。由于幼儿身心健康发展的规律与要求，不宜经常粉刷活动室，也不要经常更换室内墙板，尽量提倡环保绿色，美观的健康材料充分展示了幼儿园环境创设的形式美。如教师用卡纸和彩笔绘画幼儿园主题教育图画。其中可以包含科学、艺术、语言、健康以及社会等方面的知识，让幼儿能够在环创中潜移默化地培养好的习惯与品性。在幼儿园的环境创设中，家长的支持是幼儿作为主体参与的重要支柱力量，教师要在环境创设活动中获得家长的信任、配合与支持。家长的支持包括两部分，第一，物质支持。家长收集的废旧物品和自然材料，既能使环境布置的内容变得丰富多样，也杜绝了环境创设的浪费。第二，共同参与制作。家长直接参与到幼儿园环境创设活动中，可以通过环境创设与教师交流育儿观念。

第五节　非幼儿教育专业教师发展之培训实施过程

　　非幼儿教育专业补偿培训方案是从幼儿园、教师发展战略出发，通过培训了解目前教师教学发展急需的一些知识与技能，进行整体规划。培训过程中要以教师为中心，着重解决教师在教学实践中的实际问题，尽量调动教师的主动参与性与积极性，突出知识的整合和提取，并采用情境教学方法，在情境中体验、在情境中移情，在情境中内化，注重实际操作能力训练，有效提升教师专业素养和综合水平。

一、培训准备阶段

（一）建立培训制度

制度是保障和规范的前提，如果没有相应的制度支撑，教师教学培训就难以继续进行，所以建立制度非常重要。在制度设计方面，既要考虑到教师的需要也要考虑到幼儿园的具体能力，不能盲目地进行教师教学培训制度设计。在进行具体的制度设计时，既应该将教师的入职和职后学习纳入制度化规范，同时应根据本校教师规模统一提供学习机会，注意培训的层次性。既要有他训，又要有自训；既要有幼儿园的培训，又要有教研室或课题组的教学研讨；既要有专题讲座，又要有教学交流、教学研讨与教学实践。

（二）筛选培训对象

在培训对象选择方面可以将入职、非幼儿教育专业教师、晋升等方面人员列入培训队伍之中，建立继续学习学分记载制度。如45周岁以下的教师在聘期内，平均每年应该有多少学分的教学培训。它包括自主学习、外出交流、教研活动和参加培训等。培训对象的筛选一般按照需求原则进行，为保证培训的针对性与效果，一般分门别类地进行培训。它可以分为：新入职教师、骨干教师、非幼儿教育专业教师、教学困难教师、综合评价评分靠后教师、职称评定教师等。

（三）分析培训需求

培训需求是培训规划与教师的接受程度的有效性与针对性的前提，也是培训内容设计的前提和基础。其要求是正视差距、紧贴业务、专业学习（见表8-5）。

表 8-5　XX 幼儿园教师专业发展培训内容调查问卷表

尊敬的老师：

您好！

为了更好了解您的发展发展需求，幼儿园根据教师们的发展需求，有针对性地制定幼儿园培训课程，对教师进行培训，提升教师的专业素养，特设计此问卷。请认真填写，非常感谢您的合作（请在所选答案的字母上打钩）！

一、您的基本情况：
1. 性别： A. 男　B. 女
2. 年龄： A. 30 岁以下　B. 30～35 岁　C. 36～49 岁　D. 50 岁以上
3. 职称： A. 未评　B. 初级　C. 中级　D. 高级
4. 教龄： A. 3 年以下　B. 3 年以上 5 年以下　C. 5 年以上 10 年以下　D. 10 年以上
5. 受教育程度： A. 本科　B. 硕士　C. 大专　D. 博士 6. 您现在所任教的学科与您的学历是否吻合？ A. 吻合　B. 不吻合
二、选择题 1. 您曾参加过何种形式的培训： A. 通识培训　B. 见习期培训　C. 区级培训　D. 其他
2. 您参加培训的实践为： A. 半年以下　B. 超过半年　C. 没有参加过教师培训　D. 其他
3. 您对参加培训的需求： A. 强烈　B. 较为强烈　C. 一般　D. 不需要
4. 您认为目前迫切需要哪方面的培训： A. 理论指导　B. 技能指导　C. 方法指导　D. 资源提供　E. 其他
5. 您参加完培训后的感受是： A. 非常有必要　B. 方法单一　C. 培训人员水平不一致 D. 领导不重视　E. 其他
6. 您认为影响您参加培训的主要障碍是： A. 培训内容不适合　B. 有必要　C. 无所谓　D. 没有必要　E. 其他

续表

7. 您认为您参加过的培训对教学有多少帮助？ A.81%　B.61%～80%　C.40%以下　D.40%～60%
8. 您希望通过培训提高哪些能力： A. 教学组织能力　B. 教学设计能力　C. 教学实施能力 D. 教学反思能力　E. 科研能力　F. 其他
三、请回答下列问题 1. 您认为自己最需要什么样的培训？ 2. 您认为幼儿园可以采用哪些方式培训？

二、培训实施阶段

教师培训实施阶段是促进教师成长的有效途径，也是适应现代信息化社会的必然要求。教师培训包括组织教师在岗研修和学习的开放性培训活动。校本培训的发起主体和组织主体都是幼儿园自身，因此，幼儿园在培训人员的选择、需求分析、培训主题、培训内容、培训师的选择、培训过程的管理、考核评价等方面都具有自主权，同时也意味着上述环节都需要幼儿园有关部门来实施。如某幼儿园制定关于非幼儿教育专业教师培训规划与学员培训后续追踪表（表8-6与表8-7）。需要注意的是，教师培训要注重制度的建立，经费的落实、培训对象的筛选、培训结果的应用。一般来说，在实施过程中，教师培训采用内部培训师和外聘培训相结合的师资队伍。内部培训师的优势是熟悉校内情况，培训针对性强，实践活动安排灵活等；外聘教师的优势是选择范围广，水平较高，培训权威性强，幼儿园要做好教师教学整体规划，有意识、有针对性地挑选有经验、有潜力、对教学有激情的教师进行培训师的培养工作。从幼儿园战略出发，注重园本课程开发，通过座谈、听课、讨论等形式了解目前教师教学发展急需的一些领域知识，进行整体规划，建设自己的课程模块。在此基础上，进行课程开发。课程开发可以邀请校外专家提供建议，也可以由本园培训师和高级教师进行研讨，课程尽量做到小型化、课程目标具体化、内容实用化、形式情景化、逻辑严密化，过程互动化，分阶段培训比一以贯之效果要好。

表8-6　非幼儿教育专业教师培训规划表

一、指导思想：本培训以"细水滴灌"为基本模式，走精准化和专业培训服务体系，其总体目标以《幼儿园工作规程》为参照，从"师德为先，幼儿为本、能力为重、终身学习"的理念入手，使教师成为善学习、勇创新、重发展的实践智慧型幼儿教师。

二、具体目标：
1. 培养教师具有较强的观察能力、谈话能力、作品分析能力和保教结合等专业知识方面的能力。
2. 使教师具有较强的课程设计能力、活动组织能力与评价能力，以培养教师的弹、唱、跳、画等基本技能为主线，使其学会如何将基本技能贯穿于幼儿园环境的创设与利用、教育活动的计划与实施等综合专业活动中。
3. 教师能够从职业技能、职业环境、职业关系和职业心理四个维度来适应和反思当前自身的职业现实状况，从而提升其自身的教学、科研能力。

三、培训对象：非幼儿教育专业教师。

四、培训形式：
1. 专题讲座
聘请资深教育行政官员和有关专家学者开展专题讲座，以典型案例为载体，创设参与式的教学情境，发挥学员的主体作用，总结反思管理经验，发展实践智慧，提升实践能力。
2. 交流研讨
组织参训学员相互交流经验，并与园长、专家学者开展交流与研讨，对学校管理中的相关问题进行讨论，在交流研讨中分享经验，在反思中改善幼儿园管理行为。参观与考察有办学特色的幼儿园，将观摩考察与反思体验相结合，引领学员不断学习、实践、反思，持续提高中小学校长的专业能力和水平。
3. 结业设计
在理论学习、交流研讨、参观考察的基础上，要求学员写出一篇对当前幼儿教育专业教师具有较大现实意义的、较高水平的论文，进行教学设计、教育教学案例反思、研修总结。
4. 训后跟踪指导（见下表）
采用"531行动计划"对学员进行训后跟踪指导。步骤有三步：
第一步：培训结束后，填写并提交531行动计划表。
第二步：跟踪结束后，班主任收集整理学员在微信群中分享的人员评价。
第三步：园内评价组评价，按《"三段六评"全程评价体系》中评分说明给分情况，满分30分。
注："531行动计划"为训后跟踪计划，即5点培训收获，3项改进工作的创新行动，1个立即执行的行动。

表 8-7　学员培训后续追踪表

学员姓名		单位		培训时间	
培训主题					
我本次培训的 5 点重要收获（理念、知识、技能、态度、方式、方法等）。			我计划今后采取 3 项改进工作的创新行动。		
	1				
	2				
	3				
	4				
	5				
我承诺培训后立即执行 1 点行动计划（从上面三项行动中选择 1 项）。					
实施步骤（按时间顺序）	1 步				
	2 步				
	3 步				
本人宣言	我承诺本次培训后在本学期立即学以致用，并乐于与他人分享学习收获！				
指导和检查我的行动计划的领导姓名			学员签名：签名时间：		
行动计划执行情况	请将行动计划的执行进度、困难、对策、效果等，在 年 月之前，反馈给上述检查人和微信群，希望大家能分享到你行动后获得的成功体验与快乐！				
检查人评价（请您把该学员行动计划实施情况的鉴定评语用 √ 填写在右栏中）。	1. 非常有效□　　　2. 有效□ 3. 一般□　　　4. 未实施□ 检查人签名：　　签名时间：				

培训管理
1. 管理体制。教师培训由分管教学的园长牵头组织，相关年级教研梯队具体承担，共同参与、支持配合。
2. 职责分工。幼儿园各教研室职能部门是教师培训实施的组织者，负责组织协调、组织项目申报、制定实施方案和管理制度、指导项目实施、监控教学质量、管理经费使用等。各个教研室负责人负责培训需求调研、方案制定、课程研制、项目实施、绩效评价、训后跟踪等工作。
3. 经费管理项目经费由幼儿园统一管理，由项目负责人按省、校文件规定使用。

三、培训总结阶段

总结既是对培训质量的检查与小结，又是为下一阶段培训做好前期准备，起着承上启下的作用，为培训的可持续发展奠定基础，具体可见表8-8。首先，撰写总结报告。撰写总结报告要明确培训是在什么背景下提出来的，设计各个专题和环节的依据是什么，各个专题或环节是否能较好地实现培训意图和目标。其次，培训的主要内容和环节，实施过程中有哪些好的做法值得肯定，培训是否达到预期的目的。再次，考核的方式是什么，实施的效果如何，考核结果分析与归因。最后，具体明确培训内容实施的绩效、评价、经验、问题及建议。

表8-8 培训总结报告

1. 培训内容专题背景介绍。
2. 培训内容实施的概况。
3. 培训考核的说明。
4. 培训考核信息的综合分析。
5. 培训内容实施的绩效及评价。
6. 培训内容实施的经验、问题及建议。

四、培训效果评估阶段

幼儿园要注重园本培训的实效性程度，培训应与幼儿园整体工作紧密结合，进行总体综合评估。教师培训评估方式要以幼儿园检查和教师个体自我检查评估为主；培训效果的评估以形成性、过程性评估为主，以总结性、终结性评估为辅。在评估的过程中，要注重效果评估的引导、激励、改进功能，淡化效果评估的鉴定功能。教师培训要注重效果与方法的运用。一方面健全效果评估机制，建立评估制度。健全评估机制，使自评、参训对象相互评估、培训领导小组评估这套机制能够畅通运行。培训制度要详细、可行、易操作，用制度的形式规范本园的培训工作。培训的考勤、奖惩、组织管理、评估方案、档案管理等制度以实用为原则，可繁可简，但制度种类必须齐全。另一方面培训的效果采用学员自评与他评相结合的方式进行，在学员自我评估的基础上进行学员间的相互评价、专家对学员评价、教研室对学员的评价等，评价以过程、实践活动和定性评估为主，以量化评估为辅。

需要注意的是，教师培训要选择适当的培训方法和情境。知识性培训一般采用讲座、讲授的方式，注重的是条理性和逻辑性，突出知识的整合和提取；技能性培训注重的是实际操作能力的训练，一般采用"我做你看，我带你做，你做我看"的教学模式并进行当堂训练。如果课后要求训练，效果极差。情感态度价值观的（教师道德）培训，应该采用情境体验方式进行，所谓"在情境中体验，在情境中移情，在移情中内化"比较有效。此外，专题讲座只有与系列活动相结合，才能巩固效果。不要指望通过一次非常好的讲座就能解决问题，在进行培训设计时应该以专题讲座为核心，有预热、有跟进，才会有效果。如请专家进行教学设计专题讲座（如图 8-1），在举行专题讲座之前设计学院应该先做教学设计，专家阅读学院作品，再做有针对性的讲座。讲座结束后还需要对原来的设计进行修改、完善，然后进行小组互评、专家点评，在此基础上可以组织全员教学设计大赛，用以巩固和深化讲座效果。

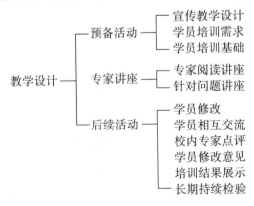

图 8-1　以专题为中心的持续跟进示例

第六节　非幼儿教育专业教师发展之教师教学比赛

幼儿园教师培训通常面向的教师为特定的群体，覆盖面有限，且形式多样，教师教学发展活动则为教师教学回评的提升提供了有益补充。幼儿园目前开展的几种活动形式有教学比赛、教学沙龙、教学工作坊、专题讲座与课堂观摩等。

一、教学比赛类型

教学比赛是各幼儿园广泛开展的教学活动之一，各大幼儿园以本园的教学发展现状为基础开展了不同类型的教学比赛。随着教学比赛在幼儿园不断深入开展，其在推动本幼儿园教师教学水平发展，激发教师更新教学理念和掌握现代教学方法等方面发挥积极作用。

（一）教学课堂比赛

教学课堂比赛为传统性比赛，教学（课堂）现场比赛为传统型比赛，参赛教师提前准备好所任课程的一节课内容，教学专家从教学内容、教学组织、教学语言与教态、教学创新与特色等方面对参赛者的一节课进行评分。这种比赛方式强调对教师课堂现场教学能力的考核，优势在于启动快、周期短，适用于刚刚开展教学比赛的长、短期培训成效检验等，一定程度上能够为教师提供教学经验交流的平台。不足之处是其对于课程质量整体的提高与教师教学水平的提升作用并不明显。因此，各幼儿园不断优化和完善教学比赛类型，多趋于开展综合型比赛。

（二）综合型教学比赛

综合型教学比赛是以加强教师教学基本功和能力训练为着力点的一

个平台，通过设置综合性的教学比赛方案，达到激发广大教师更新教学理念和掌握现代教学方法的目的，从而全面提高教师教学水平。这种类型的比赛通常包括教学设计、课堂教学和教学反思 3 个环节中的内容。参赛教师需要提交教学设计，进行课堂教学，同时开展教学反思，教学比赛评审专家对每个环节进行评分，每个环节在总分评定时占一定比例，最后由 3 项的总分决定参赛者成绩。同时，一些学校、主办方对比赛内容也进行了要求，如要求参赛者提前准备 20 个课时的课程为备赛课程，充分体现了"上好一门课"的教育理念。综合型教学比赛突出了教师综合教学能力的评比，是目前各幼儿园广泛采取的教学比赛类型。

（三）单项教学技能比赛

单项教学技能比赛是以某一项教学技能为主的教学比赛，如教学设计比赛、微课比赛。这种比赛形式针对性强，对于教师某项技能的考核与激励作用突出，常用于检验短期培训成效或对于新的教学技术和方法的推广。例如近年来，全国各地、各幼儿园开展微课比赛，在推动幼儿园教师专业发展和教学能力提升，促进信息技术与学科教学融合，搭建幼儿园教师教学经验交流和教学风采展示平台方面起到了积极作用。

二、教学比赛方案构成

比赛方案是活动顺利开展的保证。通常一个完整的幼儿园教学比赛，无论哪种类型都包括以下几部分内容。

（一）指导思想与目标

指导思想是安排比赛的依据，体现科学的教学理念、合适的教学方法，是教学比赛的风向标。目标则是比赛欲达到的效果与目的，通常根据目标制定教学比赛的具体项目和方案。

（二）组织机构

组织机构指组织赛事的机构和评审队伍。通常，组织赛事的机构有教研组、教务办等等。评审队伍通常由幼儿园教研室成员、分管教学的园长、园外专家咨询委员会组成。

（三）参赛对象

参加比赛的教师群体及相关要求。如一些幼儿园面向青年教师的教学比赛，对参赛对象年龄有要求，或对往届是否获奖有要求；外语教学比赛，对授课教师语言有要求；培训中的比赛参赛对象为参训教师等。

三、比赛形式及内容

各种类型的教学比赛，其形式及内容根据比赛项目确定。

（一）比赛形式

幼儿园教学比赛形式可分为综合性比赛项目与单一项目的形式。综合性比赛项目如课堂教学＋教学反思教案（教学设计）＋课章教学＋教学反思，单一项目如微课视频、教学设计方案和 PPT 等形式。

（二）比赛内容

结合比赛形式，对具体比赛的项目进行统一要求，如一段微课视频，一门课中的几个教学设计方案、一堂课的现场教学比赛等。比赛内容具有统一性，即所有参赛选手需要准备的比赛材料要一致。如一堂课的现场比赛，要求选手准备一堂 20 分钟的课程作为比赛内容；综合型教学比赛，要求选手从所负责的某一领域主题课程中选取一堂课作为备选参赛课程，比赛随机抽取备选课程进行；教学设计比赛要求参赛者提交 1 个课时的教学设计方案及 PPT 等。

（三）比赛安排

幼儿园教学比赛通常分为预赛决赛和预赛复赛、决赛的比赛模式。预赛由学院组织，复赛和决赛由幼儿园统一组织和安排。

（四）比赛规则

比赛的规则根据比赛项目要考核的教学能力及比赛形式和内容自定，通常采取评分制。如在综合教学比赛中，比赛包括教学设计、教学课堂反思和教学反思三个环节，评分规则即按一定比例构成：教学设计 15%+ 课堂教学 80%+ 教学反思 5%。如表 8-9。

表 8-9　几种典型比赛规则

参赛（决赛）课程要求	评分规则
选取 20 个相关材料准备，比赛内容为 20 选 1。	教学设计 15%+ 课堂教学 80%+ 教学反思 5%。
教师自主选择 1 个主题。	教案设计 10 分 + 教学演示 90 分。
组委会提前半个月从选定教案中指定内容讲授。	教案 15%+ 最近一年评教情况 5%+ 现场演示 80%。
课程精选段落的教学演示和 1 门完整主题内容的考查组合。	理论课比赛：教案设计 10 分 + 教学演示 90 分。 实验课比赛：教案 10%+ 教学讲演 40%+ 实验技能演示和实验教学组织 50%。
1 个课时的教案及 1 门主题课程视频，集中评审比赛课程视频。	教案设计 20%+ 教学演示 80%。
从教案中选取参赛内容。	备课检查 + 教学演示，备课检查不合格取消教学演示资格。
3 个学时的教学设计方案。	教学方案设计 + 现场教学状态。
20 个学时的相关材料的准备，比赛内容为 20 选 1。	课堂教学演示。

（五）评分细则

评分细则作为评委的评分依据，制定时根据比赛项目进行，遵循针对性、量化性与科学性原则。针对性原则主要针对比赛项目要考核的教学能力制定细则。如教学现场比赛主要考核教师现场教学能力，针对教学内容、教学方法和教学效果制定细则。微课比赛主要考核教师短时间内应用教育技术、短时间的教学能力，针对教学安排、教学效果、作品规范等制定比赛评分细则。量化性原则分级分类制定，对每一级每一项指标进行量化。如某校教学现场比赛中通常分为二级四类 32 项考核指标，并对每一项指标进行量化。科学性原则主要体现科学的教学理念、合适的教学方法，量化指标分值配比合理，具体见表 8-10。

表8-10 幼儿园教师教学竞赛决赛教学评分设计

项目	评测要求	分值	得分
教学设计方案 15 分	符合教学大纲，内容充实，反映学科前沿。	2	
	教学目标明确、思路清晰。	2	
	准确把握课程的重点和难点，针对性强。	5	
	教学进程组织合理，方法和手段运用恰当有效。	4	
	文字表达准确、简洁，阐述清楚。	2	
教学反思（5 分）	从教学理念、教学方法、教学过程三方面着手，做到联系实际、思路清晰、观点明确、文理通顺、有感而发。	5	

（六）其他安排

在比赛的过程中，一些幼儿园以比赛为契机，开展了丰富的教学活动。如有的幼儿园开展对教师教案的检查工作，一方面作为选拔参加决赛教师的方法，另一方面也是对全幼儿园教师进行规范教学的好方式。还有一些幼儿园增加赛前培训环节或赛后召开总结大会和经验交流会，充分帮助教师在教学上进行反思与总结。尤其是在教育信息化时代，教师如何利用信息化技术赋能形成对幼儿学习中的"关联学习""个性化学习"等师生互动、生生互动的思维学习方式具有重要意义。

非幼儿教育专业教师发展之补偿培训是对现有培训的教师在专业知

识与能力需求上的培训。培训的目的在于提升幼儿教师高素质的保教能力等方面的专业发展。目前，全国各地幼儿园展开了不同类型的幼儿教师培训项目，虽取得一定成效，但效果不是非常明显。其中最为关键的因素是作为衡量高素质善保教的幼儿教师培训质量的指标不是很清晰，教师往往是被动参加培训。因而，幼儿园应针对本园教师培训的关键性质量指标进行分析与评估，侧重调研幼儿园教师培训"满意度"，让教师主动参与培训，提高教师培训的参与程度，及时与教师沟通，了解教师的需求，真正达到幼儿教师高素质的保教能力的目标。

参考文献

著作类：

[1] 刘捷．专业化：挑战 21 世纪的教师 [M].北京：教育科学出版社，2002：81.

[2] 姜勇，洪秀敏，庞丽娟．教师自主发展及其内在机制 [M].北京：北京师范大学出版社，2009.

[3] 余文森，连榕．教师专业发展 [M].福州：福建教育出版社，2007.

[4] 黄人颂．学前教育学 [M].北京：人民教育出版社，1989.

[5] 涂艳国．走向自由——教育与人的全面发展问题研究 [M].武汉：华中师范大学出版社，1999.

[6] 石中英．教育哲学 [M].北京：北京师范大学出版社，2007.

[7] [瑞] 裴斯泰洛齐．裴斯泰洛齐教育论著选 [M].夏之莲，译．北京：人民教育出版社，1992.

[8] 李季湄，冯晓霞．《3 ～ 6 岁儿童学习与发展指南》解读 [M].北京：人民教育出版社，2013.

[9] 庞丽娟．教师与儿童发展 [M].北京：北京师范大学出版社，2001.

[10] 冯晓霞主编．幼儿园课程 [M].北京：北京师范大学出版社，2001.

[11] 石筱犄主编．学前教育课程论 [M].北京：北京师范大学出版社，1999.

[12] 楼必生，屠美如．学前儿童艺术综合教育研究 [M].北京：北京师范大学出版社，1997.

[13] 王坚红主编．学前教育评价 [M].北京：人民教育出版社，1994.

[14] 霍力岩.学前教育评价 [M].北京：北京师范大学出版社，2000.

[15] 陈帼眉，冯晓霞，庞丽娟.学前儿童发展心理学 [M].北京：北京师范大学出版社，2013.

[16] 王蔷.英语教学法教程 [M].北京：高等教育出版社，2006.

[17] 叶澜等.教师角色与教师发展新探 [M].北京：教育科学出版社，2001.

[18] 彭兵.成就专业的幼儿教师——幼儿教师专业发展阶段研究 [M].北京：北京师范大学出版社，2013.

[19] 刘晶波.社会学视野下的师幼互动行为研究——我在幼儿园里看到了什么 [M].南京：南京师范大学出版社，2006.

[20] Darling-Hammond，L..（1997）.Doing what matters most：Investing in quality teaching. National Commission on Teaching & America's Future [M]. PA：Kutztown Distribution Center Kutztown，1997：30.

期刊论文类：

[21] 庞丽娟.《幼儿园教师专业标准》的研制背景、指导思想与基本特点 [J].学前教育研究，2012（7）.

[22] 金锐，苑玉洁.信息技术促进区域幼儿教师综合素质发展模式探究 [J].中国电化教育，2019（8）.

[23] 蔡迎旗，海鹰.自主学习：幼儿园教师专业发展的现实之需 [J].学前教育研究，2016（3）.

[24] 方菲,宋岭."互联网+"背景下教师培训信息化的变革策略[J].教学与管理，2018（3）.

[25] 庞丽娟.多元快速有效扩充我国学前教师队伍 [J].教育研究，2019（3）.

[26] 梁慧娟.我国现行幼儿教师政策的"身份制"特征表现与成因分析 [J].学前教育研究，2011（9）.

[27] 冯婉桢，吴建涛.城镇化与我国学前教育资源宏观配置效率研究 [J].教育研究，2017（3）.

[28] 陈蓉晖，吴姝静.提升农村幼儿园教师职业吸引力的机制研究 [J]. 中国教育学刊，2017（8）.

[29] 张华.学前儿童艺术教育中的陕西非物质文化遗产课程资源探析 [J]. 陕西学前师范学院学报，2018（12）.

[30] 郭铁成，曾凡梅，刘忠义.学前儿童心理健康现状调查分析 [J]. 新课程研究，2020（9）.

[31] 刘国祥.谈二孩政策背景下的幼儿心理健康教育 [J]. 甘肃教育，2019(13).

[32] 施思.整合传统节日资源，打造特色园本节日——幼儿园节日活动开展相关资源开发研 [J]. 语文课内外，2020（5）.

[33] 刘志强，王喜海.论幼儿科学教育与艺术教育的整合 [J]. 教育导刊，2018(9).

[34] 王旭.儿童戏剧工作坊模式研究 [J]. 戏剧理论纵横，2018：81-86.

[35] 孔令丽.湖北省幼儿家庭教育现状调查报告 [J]. 百家讲坛，2016（2）.

[36] 王市会.浅析家庭教育的现状及其意义 [J]. 经济研究导刊，2020（29）.

[37] 张思雁.幼儿教师继续教育方式的研究 [J]. 高等函授学报（哲学社会科学版），2008（11）.

[38] 王晓岚，丁邦平.美国学前教育师资培养的方式、特点及其启示 [J]. 学前教育研究，2010（10）.

[39] 程秀兰，王柳.幼儿教师职后培训研究综述与启示 [J]. 陕西学前师范学院学报，2018，34（5）.

[40] 霍力岩.幼儿教育传承中华优秀传统文化的基本成效、现实挑战与对策建议 [J]. 中国教育学刊，2022，（5）.

[41] 钟启泉.开发新时代的学校课程——关于我国课程改革政策与策略的若干思考 [J]. 全球教育展望，2001（1）.

[42] 冯江英，孙钰华.幼儿教师资源流失的原因探析及对策思考 [J]. 新疆教育学院学报，2007（3）.

[43] 彭江.大学教师资源配置制度变革：基于配置主体的视角 [J]. 高教探索，2009（2）.

[44] 李少梅，黄怡冰等.陕西省幼儿教师资源配置的现状与存在问题分析及解决对策 [J].学前教育研究，2011（6）.

[45] 姜盛祥.教育均衡视野下我国幼儿教师资源配置问题研究 [J].内蒙古师范大学学报（教育科学版），2011（8）.

[46] 张宇洁.幼儿园创意美术教学现状及其策略研究 [D].石家庄：河北师范大学硕士学位论文，2019.

[47] 杨明媚.幼儿园图画书阅读教学中教师教学行为研究 [D].福建：福建师范大学硕士学位论文，2013.

[48] 肖东.师生对话培养学生语言理解能力研究 [D].湖南：湖南师范大学硕士学位论文，2014.

[49] 尹瑜宸.集体阅读活动中不同的师幼互动模式对幼儿语言理解能力的影响研究 [D].上海：上海师范大学硕士学位论文，2017.

[50] 徐小妮."幼儿研究与支持"教师职后培训课程框架的建构与验证 [D].上海：华东师范大学博士学位论文，2019.

[51] 王蕊.促进专业发展的幼儿园教师职后培训研究 [D].张家口：河北北方学院硕士学位论文，2020.

[52] 刘腾龙.幼儿教师资源配置现状及影响因素研究——基于沈阳市实证调查 [D].沈阳：沈阳师范大学硕士学位论文，2013.

[53] 赖秀龙.区域性义务教育师资均衡配置的政策研究 [D].上海：华东师范大学博士学位论文，2011.

[54] 尹德琪.幼儿园男教师流失问题个案研究 [D].重庆：西南大学硕士学位论文，2013.

报纸文章类：

[55] 朱旭东，高鸢.构建在线教师教育体系 [N].中国教育报，2020-03-05（6）.

[56] 黄浩.破解学前教育"人难进、人难留"难题 [N].中国教师报，2019-03-05.

附　录

H 高校幼儿教育专业人才培养方案
2023 版学前教育专业本科人才培养方案

一、专业基本信息

专业名称：学前教育 Pre-school Education。

学科门类：教育学。

授予学位：教育学。

标准学制：4 年。

二、专业简介

H 高校学前教育专业创办于 2012 年，同年面向全国招收生，培养本科层次幼儿师资。专业所依托教育学学科获批省级特色优势学科群（2021），教育学教学团队获批省级教学团队（2021）。专业所在学院建有湖北省人文社科重点研究基地农村教育与文化发展研究中心（2016）、基础教育研究院（2016）、湖北省名师工作室（2017）等平台。本专业师资力量雄厚，专任教师中拥有博士学位或高级专业技术职称的比例较高，获得多项国家级、省部级科研和教研项目。本专业以主动适应社会发展对学前教育师资的需求为导向，培养热爱学前教育事业，师德高尚、专业扎实、素养全面、实践能力强，能胜任幼儿园等托幼机构教育和管理工作的应用型高级专门人才。

三、培养目标

主动适应国家及区域幼儿教育改革发展与新时代教师队伍建设需求，立足湖北、面向全国、服务基层，全面贯彻党的教育方针，培养德智体美劳全面发展，热爱儿童和学前教育事业，具备教育学、心理学、保育学等专业知识，具有一定科学素养、人文素养与艺术素养、拥有较强专业技能、创新精神与保教实践能力，能在幼儿园等托幼机构从事教育与管理工作的高素质幼儿教师。学生毕业 5 年后的预期目标如下。

（一）师德高尚，依法执教。具有深厚的爱国情怀，贯彻执行党的教育方针政策，践行社会主义核心价值观。职业理想正确，从教信念坚定，愿意扎根基层，努力成为骨干。师德高尚，自觉遵守教师职业道德规范，为人师表，立德树人，依法执教。情感态度积极，乐观向上，热爱学前教育事业，关爱幼儿，尊重幼儿人格和尊严，富有爱心、责任心、耐心和细心，做幼儿健康成长的启蒙者和引路人。

（二）知识丰富，素养全面。具备教育学、心理学、保育学等专业知识，熟练掌握幼儿发展、幼儿保育与教育方面的知识，具有一定人文、科学与艺术素养，拥有较强的钢琴弹唱、幼儿律动、环境创设、故事讲演、游戏创编、活动设计、一日生活组织、激励与评价、沟通与合作等专业技能。

（三）理念先进，善于保教。教育理念先进，认同幼儿教师工作的意义和专业性，拥有正确的教育观、学生观、教师观，了解幼儿，保教结合。能够遵照《幼儿园教育指导纲要（试行）》《3～6 岁儿童学习与发展指南》等文件精神，根据幼儿身心发展规律和学习特点，运用幼儿发展、保育与教育知识，科学开展环境创设、组织一日生活，积极支持幼儿游戏、引导幼儿全面发展，合理计划与实施教育活动、促进幼儿主动学习，有效激励幼儿表现、全面评价幼儿发展，善于与幼儿、家长、社区沟通与合作。

（四）终身学习，持续发展。终身学习与专业发展意识强烈，能制订合适的终身学习和职业发展规划并积极参加专业培训。具备反思能力，能有意识地探索、研究保教实践问题并改进自己的教育实践。具有团队合作精神，善于沟通与协作，能够合作研究，乐于分享交流经验。具有一定创新意识，能运用批判性思维分析和解决保教问题。

四、毕业要求

本专业毕业学生应当具备良好的思想道德素质，具有积极的专业情感和态度，掌握保教基本知识和基本技能，具备教育实践反思能力、专业可持续发展能力和一定的创新能力。具体毕业要求如下。

（一）践行师德

1. 师德规范

【1.1 政治立场】【1.2 职业规范】【1.3 师德素养】

热爱祖国，践行社会主义核心价值观，形成对中国特色社会主义的思想认同、政治认同、理论认同、情感认同，具有社会责任感。熟悉并贯彻党和国家的教育方针政策，知晓教育法律法规，具有依法执教意识，履行应尽的教育义务。立德树人，为人师表，恪守"弘德、博学、敏行、敢先"校训，立志成为有理想信念、有道德情操、有扎实学识、有仁爱之心的"四有"好老师。

2. 教育情怀【2.1 职业理念】【2.2 专业精神】

从教意愿强烈，认同学前教育教师工作的意义、专业性和独特性，具有正确的教育观、儿童观和教师观，立志成为一名专业化的幼儿教师。具有较好的人文底蕴和科学精神，理解关爱、尊重与信任幼儿，有责任心和事业心，工作细心、耐心，面向全体幼儿，因材施教，做幼儿健康成长的启蒙者和引路人。

（二）学会教学

3. 保教知识

【3.1 综合素养】【3.2 儿童发展】【3.3 保教知识】

具有一定人文、科学素养，具备相应艺术素养，掌握一定现代信息技术知识。掌握儿童身心发展的一般规律和影响因素，能够把握幼儿年龄特征和发展差异，熟悉幼儿五大领域知识。了解中外幼儿教育历史与现状，具有幼儿教育、保育等方面的基本原理、基本方法和基本策略，注重幼儿发展知识与幼儿保教知识等的联系和整合。

4. 保教能力

【4.1 环境创设】【4.2 保育组织】【4.3 游戏与教育】【4.4 激励与评价】

能够遵照《幼儿园教育指导纲要（试行）》《3～6岁儿童学习与发展指南》等文件精神，根据幼儿身心发展规律和学习特点，运用幼儿保育、教育等知识，科学开展环境创设、组织一日生活，积极支持幼儿游戏、引导幼儿全面发展，合理计划与实施教育活动、促进幼儿主动学习。具有一定激励与评价能力，关注幼儿日常行为，有效激励幼儿表现，促进幼儿积极自信。能够合理运用观察、谈话等方法记录、分析幼儿表现，全面了解和评价幼儿发展。能够有效进行幼儿园活动评价，并根据评价结果不断改进工作。

（三）学会育人

5. 班级管理

【5.1 管理育人】【5.2 以德育德】

掌握幼儿园班级特点，合理规划与利用时间与空间，营造富有教育意义的班级物质环境和文化环境。清楚幼儿园班级管理基本要求，能够建立合理的班级秩序与规则，打造良好的同伴关系和师幼关系，营造关爱、尊重、平等、积极的班级氛围。严守师德规范，以德立身、以德育德，做幼儿的表率，以自身良好言行引领幼儿成长。

6. 综合育人

【6.1 生活育人】【6.2 活动育人】

了解幼儿社会性——情感发展的基本特点和主要规律，支持和帮助幼儿形成良好意志品质和行为习惯，让幼儿获得积极体验。理解环境育人的价值，树立"一日生活即课程"理念，充分发挥园所文化和一日生活对幼儿发展的价值，善于捕捉教育契机开展随机教育。具有整合、利用幼儿园、家庭和社区等各种资源实现全面育人的意识和能力。

（四）学会发展

7. 学会反思

【7.1 终身发展】【7.2 反思创新】

具有终身学习与专业发展意识。能够立足长远，主动学习、持续学习，了解教育改革发展动态，不断加深对专业发展核心内容的理解；能够适应新时代和教育发展需要，结合就业愿景、自身特点制定专业学习和专业发展规划。具有一定教育反思能力和创新意识，善于观察和发现教育实践问题，且能灵活运用所学知识分析和解决保教实践问题。

8. 沟通合作

【8.1 沟通能力】【8.2 合作体验】

掌握沟通合作知识与技能，能与幼儿、同事、家长、社区等进行有效沟通，利用多种资源促进自身专业发展。理解学习共同体的基本价值，具备团队协作精神和意识，有小组互助和合作学习等体验，善于倾听，乐于分享经验和资源。

五、毕业要求与培养目标的支撑关系

表5-4 毕业要求与培养目标支撑关系表

培养目标 毕业要求	目标（一）	目标（二）	目标（三）	目标（四）
1. 师德规范	√			
2. 教育情怀	√			
3. 保教知识		√	√	
4. 保教能力		√	√	
5. 班级管理		√	√	

培养目标 毕业要求	目标（一）	目标（二）	目标（三）	目标（四）
6. 综合育人		√	√	
7. 学会反思			√	√
8. 沟通合作			√	√

六、主干学科与专业核心课程

（一）主干学科：教育学、心理学。

（二）核心课程：《学前教育学》《学前儿童发展》《学前儿童教育心理学》《0～6岁儿童保育》《幼儿园课程》《幼儿园教育活动设计与指导》《幼儿园游戏与指导》《幼儿园班级管理》以及幼儿五大领域教育课程。

七、毕业条件与授予学位要求

（一）最低毕业学分要求

学生在毕业时须达到德育培育目标和大学生体质健康标准，应通过必修课获得160学分，其中课内教学138分，集中实践教学22分。另外，学生还可通过选修课（含通识教育选修课10分）23分。军事理论与训练（含入学教育）、大学职业生涯规划、就业指导、保教技能自主实训、素质拓展（第二课堂）等环节不计入总学分。

（二）授予学位及要求

符合H高校学士学位授予规定者，授予教育学士学位。